_____ 님께

감사의 마음을 담아 드립니다.

행복한 **리더**가
행복한 **일터**를 만든다

행복한 리더가 행복한 일터를 만든다

1판 1쇄 발행 2014. 11. 17.
1판 9쇄 발행 2019. 1. 26.

지은이 허남석

발행인 고세규
책임 편집 김상영
책임 디자인 이경희
본문 일러스트 강혜리
제작 안해룡, 박상현
제작처 SJ피앤비, 금성엘엔에스, 서정바인텍

발행처 김영사
등록 1979년 5월 17일(제406-2003-036호)
주소 경기도 파주시 문발로 197(문발동) 우편번호 10881
전화 마케팅부 031)955-3100, 편집부 031)955-3200
팩스 031)955-3111

저작권자 ⓒ 허남석, 2014
이 책은 저작권법에 의해 보호를 받는 저작물이므로
저자와 출판사의 허락 없이 내용의 일부를 인용하거나 발췌하는 것을 금합니다.

값은 뒤표지에 있습니다.
ISBN 978-89-349-6935-8 03320

홈페이지 www.gimmyoung.com   블로그 blog.naver.com/gybook
페이스북 facebook.com/gybooks   이메일 bestbook@gimmyoung.com

좋은 독자가 좋은 책을 만듭니다.
김영사는 독자 여러분의 의견에 항상 귀 기울이고 있습니다.

이 도서의 국립중앙도서관 출판예정도서목록(CIP)은 서지정보유통지원시스템 홈페이지
(http://seoji.nl.go.kr)와 국가자료공동목록시스템(http://www.nl.go.kr/kolisnet)에서
이용하실 수 있습니다.(CIP제어번호: CIP2014029393)

행복한 리더가
행복한 일터를 만든다

감사로 일군 한국형 행복경영

허남석 행복나눔125 본부장·포스코ICT 전 대표이사 지음

김영사

540일 만에
기업 통합의 성공 사례를 남긴
감사나눔의 리더

허남석 사장이 포스코 그룹사 가운데 성과 몰입도(행복 지수) 꼴찌의 포스코ICT를 540일 만에 성과 몰입도 상위 그룹으로 탈바꿈시킨 것은 행복한 리더가 행복한 기업을 만드는 성공 사례라고 할 수 있습니다. 이 회사는 IT(정보) 기술의 포스데이타가 와이브로 사업에 실패하여 변화가 필요한 시점에 있다가 CT(제어) 기술의 포스콘과 통합하여 2010년 1월 탄생했습니다.

2010년 3월 통합 회사 사장으로 취임한 허남석 사장은 4월 1일 IT와 CT의 진정한 융합으로 새로운 ICT의 역사를 창조하기 위하여 'Creating Green ICT Future' 비전을 선포하고, 이를 반드시 실천하겠다는 퍼포먼스로 커다란 솥에 비빔밥을 비벼 나누어 먹었습니다. 그러고는 새 술을 새 부대에 담기 위한 새로운 조직 문화를 조성하기 위해 '행복나눔125운동' 실천을 선포했습니다.

경영 실적 악화로 의기소침한 포스데이타 출신들과 안정적인 문화를 지키려는 포스콘 출신들은 물과 기름과 같아서 이들을 융합시키는 길은 용광로처럼 펄펄 끓게 만드는 새로운 조직 문화가 필요하다는 절실한 깨달음 때문이었습니다.

허남석 사장은 '혁신 전도사'로 불립니다. 광양제철소장 시절 '세계 제일의 자동차 강판 제철소 구현' 비전을 세우고 전 임직원은 물론 광양 시민까지 한마음 한뜻으로 몰입시켜 3년 목표를 6개월 앞당겨 주도한 주인공입니다. 이 과정이 담긴 책이 《강한 현장이 강한 기업을 만든다》인데, 제가 쓴 추천의 말이 당시 모습을 잘 표현하고 있어서 그대로 옮겨보겠습니다.

지난 3년 동안 포스코의 숨 막히는 혁신 파노라마를 누구보다 가까이서 지켜봤습니다. 조직에 불만을 가지고 있던 사람, 혁신에 회의를 품고 있던 사람들까지 '혁신 돌풍'에 합류하는 모습이 무척 놀라웠습니다. 무엇보다 국내 최초로 도입한 VP를 통해 일과 시간의 낭비를 없앤 것과 현장까지 함께하는 한국형 식스시그마를 성공시켜 세상을 놀라게 한 것은 그 어떤 기업도 해내지 못한 위대한 성과입니다. 리더에서 사원까지, 모든 사람이 펄떡이는 물고기가 되어 한국형 혁신의 성공 모델을 완성한 포스코의 감동 실화는 위기 극복의 근본적인 해법을 제시합니다.

제가 허남석 사장에게 감동한 것은 그의 리더십이 한국형 리더십의 원형인 세종의 리더십의 3요소, 즉 '나눔, 토론, 감사'와 일맥상통하기 때문입니다. 이는 바로 행복나눔125의 3요소, 즉 '1주 1선행의 착한 일 하기의 나눔, 1월 2독서 좋은 책 읽기의 독서 토론, 1일 5감사의 감사나눔'을 함께 실천하고 있다는 뜻입니다.

먼저 나눔을 보면, 허남석 사장은 전 임직원 모두의 뜻을 모아 비전을 세우고 한 사람 한 사람이 꿈을 이룰 수 있도록 자신의 지혜와 힘과 열정을 나누어줍니다. 하루도 빠짐없이 현장을 돌며 잘 들어주고 잘 가르쳐주고 참된 도움을 주려 노력하는 동안 모두로부터 진정한 사랑과 존경을 받는 리더가 되었습니다.

허남석 사장은 토론으로 일을 시작하고 마무리합니다. 매일 아침의 조찬 토론, 부문별 토론, 계층별 토론, 세미나와 워크숍, 페스티벌 등 모두의 지식과 지혜를 신바람 나게 발휘될 수 있도록 솔선수범합니다. 이는 훗날 '한 달에 두 번의 독서 토론'으로 이어지고 자연스럽게 행복나눔125의 독서 토론 왕불씨가 되었습니다.

마지막으로 감사를 보면, 허남석 사장은 매일 아침 10시가 되면 현장을 찾아갑니다. 문제점을 지적하러 가는 것이 아니라 칭찬할 것을 찾으러 가는 것입니다. 처음에는 경계심에 움츠렸던 현장 직원들이 허사장을 기다리게 되었습니다. 나중에는 서로 보여줄 것이 있다며 신청이 밀려 차례를 정하기도 했습니다.

칭찬에는 고래도 춤을 춥니다. 허남석 사장의 진정한 칭찬은 회사 직원들은 물론 협력업체 사람들도 춤을 추게 만들었습니다. 진정으로 감사하는 마음이 없으면 칭찬은 힘이 될 수 없습니다. 허사장의 부하들에 대한 진심 어린 감사가 에너지가 되고 파동으로 전달되어 큰 힘이 된 것입니다.

행복나눔125의 대왕불씨

행복나눔125로 행복한 가정을 이룬 분들을 불씨라고 합니다. 불씨 가운데 다른 사람을 도와 행복하게 만들어주는 사람, 조직을 행복하게 만드는 리더를 왕불씨라고 합니다. 허남석 사장은 대왕불씨입니다. 통합 회사의 어려움을 극복하면서 행복을 만들어내고 전 포스코 그룹에 감사나눔을 전파하여 행복하게 만들고, 포항시와 광양시에 전파하여 시민사회를 행복하게 만들고, 행복한 대한민국을 만들기 위해 쉬지 않고 노력하기 때문입니다.

허남석 사장은 솔선수범으로 실천하는 리더입니다. 이 책은 포스코ICT에서 시작하여 전 포스코 그룹으로 전파돼가는 행복나눔 125의 성공 스토리입니다. 행복나눔125로 회사뿐만이 아니라 많은 가정도 행복해하고 있습니다. 나는 그 중심에 허사장이 매일 5감사쓰기, 가족에게 100감사쓰기 등 각고의 노력이 있었기에 이러한 모습이 나오지 않았나 하는 점을 강조하고 싶습니다.

2010년 초, 저는 허남석 사장 내외와 저녁 식사를 하며 감사노트를 한 권 전했습니다. 이 한 권의 노트가 씨앗이 되어 내외분이 감사일기를 쓰게 되고, 딸이 원하는 한의대에 합격하고, 아들이 유학을 성공적으로 마친 뒤 취업하고, 고부 갈등을 넘어 행복한 가정을 이루었습니다. 행복한 가정은 행복한 일터를 만드는 힘의 원천이 되고, 이웃을 행복하게 만드는 긍정 에너지로 확산됩니다. 포스코ICT에는 행복한 가정이 가득합니다. 이 가정들의 행복 바이러스는 이웃들을 행복하게 전염시켜나가고 있습니다. 이들은 일터를 행복하게 만들 뿐 아니라 고객과 거래선을 행복하게 만들어 갑니다. 이들 가정의 어린이가 다니는 학교도 행복해지고 만나는 사람마다 행복해집니다. 언젠가는 우리 사회가 행복해지고 행복한 대한민국이 되리라 믿습니다. 감사합니다.

2014년 10월
서울대학교 융합과학기술대학원 교수 손욱

행복한 리더가
행복한 일터를 만든다

끊임없이
혁신하는 조직을
고민하는 분들께

위대한 기업은 구성원의 열정과 신뢰에 기반합니다. 목표를 향해 같은 뜻을 품고 능동적으로 일하는 직원들이 있을 때 기업은 성장할 수 있기 때문입니다. 하지만 난관을 극복하려는 직원의 긍정적인 마음가짐과 적극적인 행동은 저절로 형성되는 것이 아니라, 끊임없는 혁신과 노력이 있을 때 가능합니다. 그만큼 직원들의 마음을 모으는 합심合心은 기업에게 중요하고도 어려운 과제 중 하나일 것입니다.

합심의 조직 문화는 포스코 역사의 기본 토대가 되어왔습니다. 철강 불모지에서 세계 수준의 제철 산업을 구현하기까지, 우향우 정신·제철보국製鐵報國으로 대표되는 포스코 정신의 뿌리가 어려움 속에서도 가능성을 발견해 실행하는 불굴의 '긍정 DNA'를 만들어왔습니다.

감사나눔활동은 포스코 긍정 조직 문화 활동의 또 하나의 사례입니다. 4년여 감사나눔을 통해 리더는 솔선수범하고 직원들은 자율적으로 실천하면서 자연스레 서로를 배려하고 감사의 마음을 나누는 기업 문화가 정착되고 있습니다. 또한 감사나눔이 직원들의 업무 몰입과 성과 창출뿐만 아니라 일상의 감사를 넘어서 가족과 사회의 긍정적인 변화로까지 확대되고 있습니다.

무엇보다 감사나눔은 세종대왕과 같은 덕장德將 리더십에 활용도가 큽니다. 직원의 마음을 다스리는 공감의 리더십을 위해 감사하고 배려하며 자기계발에 힘쓰는 리더는 다양한 구성원을 포용해 창의적인 에너지를 만드는 데 기여할 수 있습니다.

《행복한 리더가 행복한 일터를 만든다》는 이 같은 감사나눔의 잠재력을 잘 정리한 책입니다. 특히 저자 허남석 고문님은 감사나눔활동을 회사 경영에 연결한 독보적인 리더이기에 그 노하우와 진솔한 경험담을 만날 수 있다는 건 행운이라고 할 수 있습니다. 더구나 감사나눔을 통해 남편과 아버지로, 무엇보다 리더로서의 고뇌와 성장을 회고하는 담박한 이야기 속에 고문님의 삶의 궤적을 볼 수 있어 더욱 진한 감동이 전해집니다.

빛의 속도보다 빠르게 변화하는 환경에 살아남기 위해서 기업에게도 강인한 체력과 정신이 중요해지고 있습니다. 그리고 건강한 조직을 만들기 위해서 마음 근육을 키우는 감사나눔활동은 작지만 강한 시작이 될 것입니다.

매일 감사일기로 자신을 성찰하고 독서를 통해 지식과 지혜를 살찌우며 나눔을 실천하는 과정이 습관화될 때, 신경세포 하나하나에 섬세하게 내재화되어 조직의 변화를 이끌어낼 수 있습니다.

튼튼한 마음 근육을 만들어 끊임없이 혁신하는 '내성 강한 조직'으로 발돋움하는 방법을 고민하는 모든 분들께 감사나눔 실천 가이드로 이 책을 추천해드립니다.

2014년 10월

포스코 회장 권오준

궁즉통으로
선택한 감사가
빛을 발하다

애초부터 길은 없었다. 평지, 언덕, 산과 골 모두가 길이었다. 시간이 흐르면서 사람은 생존을 위해 길을 냈다. 빠르고 안전한 이동이 생존 확률을 높여나갔기 때문이었다. 그것이 모든 길의 시작이었다.

여전히 길을 내는 우리 삶도 그렇다. 편안하게 평지를 걸을 때도 있고, 숨이 가쁘지만 언덕을 올라야 할 때도 있고, 중도에 포기하고 싶지만 험준한 산령을 넘을 때도 있다. 그렇게 굴곡진 길을 가다 보면 어느새 우리는 족적을 남기며 인생의 종착역에 다다르게 된다.

돌이켜보면 내 삶의 흔적은 언덕이나 산보다 평지에 더 많이 있었다. 대학을 졸업하자마자 국내 굴지의 회사에 취직을 하고 가정을 일구고 샐러리맨의 가장 큰 바람인 CEO까지 지냈으니 굴곡진 삶은 아니었다. 누군가 나를 보고 한마디로 '행복한 삶'이었다고 결론을 내려도 크게 이의는 없을 것이다.

하지만 매사에 행복한 삶을 살았다고 자부하는 사람이 과연 얼마나 있을까? 겉으로는 행복해 보여도 그 속이 숯검정이 되도록 까맣게 타들어간 사람들이 모르긴 몰라도 숱하게 많을 것이다. 그래도 모든 사람들은 어려움을 딛고 살아간다. 난관을 헤쳐나가는 자신만의 방법을 찾아 그것을 삶에서 녹여내며 한 발 한 발 앞으로 나아간다. 그것이 삶이기 때문이다.

외견상 평탄한 것처럼 보이는 내 삶에도 사실은 크고 작은 시련이 많았다. 모든 사람들이 이구동성으로 말하는 것처럼 자신의 삶을 풀면 대하소설이 되고도 남는다고 하는데, 그것은 굴곡이 없어 보이는 내 평범한 삶에도 해당된다.

그 가운데 가장 큰 시련의 순간은 바로 통합 회사의 CEO로 부임한 시기였다. 철강밖에 모르던 내가 갑자기 ICT 회사의 수장으로 간 것 자체가 낯선 길에 놓인 기분이었지만, 새 회사에 어울리는 새로운 길을 만들 수 있으리라는 기대감을 버리지 않았다. 마치 터널 입구에 선 듯한 순간 출구는 보이지 않지만, 밝은 미래에 대한 도전 의식이 용솟음치고 있었다.

"궁하면 통한다"는 말은 만고의 진리

사람이 위대한 점은 어떤 어려움이 닥쳐도 포기하지 않고 뭔가 최선의 방안을 강구해내는 데 있다. 이를 선현들은 '궁즉통窮則通'이라고 했다. 궁박한 살림, 즉 가난하고 구차하기만 한 처지에서 도무지 벗어날 길이 없는 것 같지만 이러한 상황에서도 헤쳐나갈 방안과 길은 제시된다. 출구를 찾기 위해 간절히 원하면 길은 열린다는 것이다.

서로 다른 업종, 서로 다른 기질과 기업 문화를 가지고 있는 기업을 통합해놓았으니 처음부터 이들이 속마음을 털어놓고 상생과 발전을 적극적으로 도모할 것이라는 예견은 크게 하지 않았다. 그래도 집안 어른 격인 포스코 그룹 차원에서 정한 일이라 초기에 조금 삐걱거리더라도 곧 제자리를 찾아 무난하게 안정의 길로 들어설 것이라는 마음은 늘 지니고 있었다. 하지만 상생과 안정의 길이 펼쳐지리라는 조짐은 쉽게 보이지 않았다.

통합 이전 한 회사는 기술 개발에 성공하고도 시장 창출에 실패해 적자를 보고 있었고, 다른 한 회사는 안정된 구조 속에 꾸준한 수익을 내고 있었다. 이 둘의 결합이 여러모로 판단할 때 더 나은 회사를 만들 수 있다는 것이었는데, 정작 중요한 것은 조직 구성원들의 마음 상태였다. 그들의 마음이 열리지 않으면 통합 전략은

겉돌 수 있을 것이었다.

이때 최고 경영자가 마음을 조급하게 내어서는 안 된다. 단기간에 성과를 내고 싶은 마음이 절실하다고 하더라도 상하간, 수평간 신뢰 구축이 먼저 이루어져야 한다. 그렇지 않으면 단기적인 성과가 있더라도 그 성과는 지속될 수가 없을 것이다.

나는 통합 회사를 활성화하는 여러 방안을 찾아보았다. 고심 끝에 길은 단 하나, 통합 회사에 절실히 필요한 것은 신뢰를 기반으로 한 긍정 마인드와 주인의식의 재고였는데, 감사나눔활동이 그러한 분위기 조성에 큰 기여를 할 수 있다고 판단했다.

이유는 복잡하지 않았다. 먼저 내 자신이 감사나눔을 하면서 변화돼가고 있는 나를 보았고, 긍정성 향상에 큰 도움이 되었다. 즉나를 변화시키고 있는 감사나눔이 분명 통합 회사의 조직 구성원들도 변화시킬 수 있다는 확신이 들었기에, 과감히 감사나눔을 실천해나가기로 마음먹었다.

리더의 덕목 가운데 펠트 리더십Felt Leadership, 즉 직원들이 느껴지는 리더십이 있다. 회사의 난제를 해결해나갈 때 리더가 먼저 솔선수범의 자세로 변화된 행동을 보이면, 조직 구성원들은 리더를 롤 모델로 삼아 스스로 변화를 도모한다. 포스코 재직 시절 나는 안전을 가장 우선시 여겼다. 예를 들면 승차 시 뒷좌석에서도 안전벨트를 항시 매는 등 안전에 대해서도 귀감이 되도록 노력했다.

감사나눔활동 또한 펠트 리더십으로 기업에 확산하고자 했다. 당시 감사를 말하고, 감사를 나누고, 감사를 쓰는 감사나눔운동은 감사나눔신문을 중심으로 일반인들을 겨냥해 시작했는데, 한 기업을 상대로 감사나눔활동을 도입한 것은 포스코ICT가 처음이었다.

감사경영의 성과를 공유하고 싶다

포스콘과 포스테이타의 통합 회사인 포스코ICT는 포스코처럼 제조업이 주종목이 아니었다. 포스코가 하드웨어라면 포스코ICT는 소프트웨어라고 할 수 있다. 하지만 공통점은 둘 다 포스코 패밀리라는 점이다. 포스코ICT도 포스코 못지않게 수익을 내고 국가 발전에 공헌해야 한다는 것이다. 하지만 문제는 어떻게 그 방법을 구현해내는가, 그것이 CEO인 나의 고뇌였다.

광양제철소 소장 시절, 나는 엔지니어 출신으로 내게 부족한 경영 관련 공부를 위해 수많은 서적을 탐독하는 것은 물론 경영 분야에서 탁월한 성과를 올린 분들에게 적극적으로 자문을 구하기도 했다. 그 무렵 만난 분이 평생 나의 멘토가 된 손욱 전 농심 회장이었다.

회사 혁신을 위해 자문을 받던 어느 날 손욱 회장이 내게 감사노

행복한 리더가
행복한 일터를 만든다

트를 한 권 건네주어 차츰 감사의 마력을 알게 되었고, 감사나눔활동에 적극적으로 임하게 되면서 이를 통합 회사에 적용했다. 그 중심에 리더들이 있었고, 행복을 중심으로 성공이 돈다는 코페르니쿠스적 가치관의 전환으로 새로운 리더십을 구현했다. 이는 손욱 회장이 줄곧 언급하는 세종 리더십과 일맥상통하는 것으로 서구에서 시작된 GWP(Great Work Place, 행복한 일터)의 한국적 발현이었다.

감사나눔활동으로 리더들이 먼저 바뀌어 소통, 공유, 협업하는 조직의 분위기가 다져지면서 이에 포스코의 일하는 방식을 적용했다. 업무를 가시화하고, 직원들을 지식 근로자로 양성하는 지식경영과 이러한 기반 위에 상시 성과 관리 제도를 적용한 한국적인 감사경영으로 통합 3년 만에 놀라운 성과 몰입도 상승과 이에 부응하는 경영 성과를 이루어냈다.

갈수록 기업 환경이 어려워지고 있다. 과잉 공급으로 세계 경제는 저성장이라는 어두운 터널을 지나고 있다. 모두가 어려울 때일수록 우선 직원들이 자신감을 갖도록 하는 새로운 정신 운동이 필요하다고 생각한다. 각 기업마다 조건과 환경이 다르지만, 나는 조심스레 모든 기업이 감사경영을 도입해보는 것은 어떨까 제안해본다. 서구에서는 익숙한 감사이지만, 동양에서는 낯선 감사를 어떻게 기업 문화로 도입할 수 있느냐고 반문할 수도 있을 것이다. 하지만 그것은 우문에 불과하다. 아는 만큼 보이고, 보이는 만큼 사랑한다고, 감사에 대해 제대로 알게 되면 감사는 우리에게 꼭 맞는 옷이라는 것을 느끼게 될 것이다.

현재 우리 사회는 빠른 시일 내에 일군 경제성장으로 물질적 풍요를 누리고 있다. 이처럼 후발 국가 중에 가장 눈부신 성장을 했지만, 여전히 선진국 문턱을 넘지 못하고 있다. 여러 이유가 있겠지만, 무엇보다 마음을 잘 다스리지 못해서 그런 것이 아닌가 생각해본다. 이는 경제성장으로 부러움을 사고 있지만, 한편으로는 OECD 국가 중 가장 높은 자살률과 이혼율, 역시 높은 불안 지수와 스트레스 수치, 갈등 공화국이라는 오명 등등 부끄러운 것들도 많이 가지고 있다. 근면하고 일의 몰입도가 높은 한국인들이 이처럼 정신적인 부분에서 어려움을 겪고 있는 것은 참으로 안타까울 따름이다. 이를 해결하지 못하면 우리 삶은 양적인 비대함에도 불구하고 질적으로 악화될 것이다. 양적인 성장이 정신적인 행복과 비례하지 못한다는 것을 우리는 이번 세월호 참사를 통해 확인할 수 있었다. 회사의 존립 목적이 이윤 추구에 있다고 하지만, 이처럼 가치와 윤리에 벗어나는 탐욕은 반드시 근절돼야만 한다. 회사는 사회와 국가 속에서 함께 존립하는 것이기 때문이다.

이 시점에서 우리에게 필요한 것은 정신문화 운동과 리더십일 것이다. 최근 한국 영화사상 최다 관객을 돌파한 〈명량〉의 이순신 장군이 보여준 리더십, 즉 자신의 모든 것을 내던지고 오로지 백

성과 나라를 위한 헌신으로 두려움을 용기로 바꾼 리더십이 있었기에 군사와 백성들은 그를 따랐고 혁혁한 전투 성과를 올릴 수 있었다.

리더십의 가장 아름다운 모습을 보여준 사람이 또 있다. 한국을 방문한 인류의 스승 프란치스코 교황이다. 가난하고 소외되고 억울하고 병든 사람들을 직접 어루만지며 위무하는 그의 진정성에 많은 이들이 마음의 치유를 받았다.

리더십을 뒷받침하는 것이 팔로우십Followship이다. 리더를 잘 따르는 마음인 팔로우십이 좋은 리더를 만드는데, 이러한 팔로우십을 만들기 위해서는 사회적 역량을 키워야 한다. 이를 위해 정신문화운동이 필요하고, 그 중심에 감사나눔운동이 자리 잡고 있다.

감사나눔은 일종의 자기 수행이다. 자신이 먼저 감사로 변화하고, 그것이 타인과의 관계 속에서 또 변화하면서 감사와 긍정 마인드가 늘어나는 것이다. 이러한 마음의 변화가 꾸준히 이루어지면 우리는 긍정심리학의 창시자 마틴 셀리그만Martin E. P. Seligman이 말하는 행복한 삶에 도달하게 된다. 그 과정에서 나, 가족, 이웃, 기업, 조직, 사회, 국가도 변화하기 때문에 모두가 안전한 공간 속에서 행복한 삶을 누릴 수 있게 된다는 것이다. 감사는 나 개인만이 아니라 모두가 함께 행복한 삶을 누려야 한다는 것에 초점이 맞추어져 있기 때문이다.

감사경영의 성과는 두말할 나위 없이 기업 성장이지만, 성장의 나무가 잘 자라기 위해서는 기본이 되는 토양이 비옥해야 한다. 이러한 성장 토양을 만드는 것이 감사나눔이다. 여기서 간과해서 안 될 사실은 감사나눔은 기업뿐만이 아니라 기업 구성원들의 가족들까지 변화시킨다는 것이다. 이는 기업 문화가 해낼 수 있는 새로운 영역인 셈이다. 따라서 이 책은 기업에 몸담고 있는 사람뿐만이 아니라 일반 사람들도 나와 연계된 일상에서 행복한 리더로서 행복한 일터를 만드는 데 주인공이 되시길 기대해본다. 우리모두에게 국민 행복 시대를 열어가는 마중물을 제공한다는 절실한 심정으로 정리한 책인 만큼 많은 이들이 큰 기쁨을 얻어가기를 진정 바란다.

애초에 없던 길이 이제는 수없이 만들어져 미로가 되어가고 있는 세상이다. 하지만 내가 가는 길, 가족이 가는 길, 기업이 가는 길, 사회가 가는 길, 국가가 가는 길, 이 모든 길이 서로 다른 각자의 길이 아니다. 어떻게든 연결되어 있다. 모두가 서로를 보듬고 품어갈 수 있는 세상, 그러한 세상을 더 잘 만들어낼 수 있는 새로운 길, 그 길에 감사의 꽃씨가 가득 뿌려지길 진심으로 바란다.

2014년 10월

허남석

행복한 리더가
행복한 일터를 만든다

차례

Chapter 1

서울 IT 노처녀와 시골 엔지니어 노총각의 만남

Chapter 4 감사나눔, 포스코 그룹과 사회를 물들이다

1

서울 IT 노처녀와
시골 엔지니어 노총각의 만남

행복을
중심으로
성공이 돈다

"인간의 마음은 늘 행복을 찾아 과거나 미래로 달려간다. 그래서 현재의 자신을 불행하게 여긴다. 행복은 미래의 목표가 아니라 오히려 현재의 선택이다."

프랑스 정신과 의사 프랑수아 를로르François Lelord가 쓴 《꾸뻬씨의 행복 여행》에 나오는 구절이다. 이 말을 보면 행복한 삶은 어렵지 않다. 현재의 자신을 행복하다고 생각하면 된다. 자신과 자신에게 있는 모든 것을 '있는 그대로' 보면서 가진 것에 감사하고 자기만족을 느끼며 행복한 감정을 가지면 된다.

오랫동안 인류는 '지구를 중심으로 우주가 돈다'는 천동설을 믿고 살았다. 하지만 천문학자 코페르니쿠스에 의해 천동설은 사라지고 '지구는 태양을 중심으로 돈다'는 지동설이 진리가 되었다.

코페르니쿠스의 지동설은 행복한 삶을 찾고 있는 우리에게도 시사하는 바가 크다. 우리는 오랫동안 성공해야 행복한 것으로 알고 있었다. 좋은 대학에 가고, 좋은 직장에 취직하고, 조기에 승진한 사람들이 행복한 사람들이라고 믿었다. 우리들 스스로 치열한 경쟁 구도를 만들어 모두의 숨을 막히게 하고 있다.

이제 우리는 행복한 삶을 위해 인생의 중심에 성공을 놓지 말고 행복을 놓아야 하는 코페르니쿠스적 전환을 시도해야 한다. 실제로 우리 주위를 보면 성공을 향해 달려 행복을 얻은 사람보다 행복한 삶의 자기 기준을 분명히 마련하고, 그런 삶에 충실하다 보니 남들이 그것을 성공이라 부른다는 것을 알게 된 사람들이 많이 있다. 즉 행복을 중심에 놓고 거기에 의미를 부여하면서 최선을 다해 살았는데, 어느 날 보니 부와 명예와 권력이 덤으로 따라왔다는 것이다.

이들에게 한 가지 공통점이 있다. 이들은 자신에게 닥친 고난을 고난으로 받아들이지 않고 그것을 성장의 기회로 본다. 그 방법은 매사를 긍정적으로 사고하는 것이다. 불의의 교통사고로 전신 마비 판정을 받은 서울대학교 이상묵 교수는 삶을 포기하지 않고 불굴의 노력으로 6개월 만에 다시 강단에 서서 "5년 전, 아니 10년 전이 아닌 이 시대에 다친 게 얼마나 다행인지 모른다. 컴퓨터 덕

행복한 리더가
행복한 일터를 만든다

분에 참 여러 가지로 난 행운아다. 모든 걸 잃은 줄 알았는데 딱 보니까 최소한의 부분을 남겨줬더라. 그래서 다쳤지만 나한테 진짜 하고 싶은 이 직업을 주었고, 그걸 할 수 있게 최소한의 부분을 남겨준 하늘에 감사한다"라고 말했다.

자신의 아들을 죽인 소년을 용서하고 그를 양자로 받아들인 어머니의 이야기에서도 긍정적 감정이 삶의 변화를 이끌어낸다는 것을 잘 보여준다. 이야기는 이렇다. 한 소년이 자기가 갱단의 일원임을 보이기 위해 무고한 또래 소년을 총으로 쏴 숨지게 한다. 아들을 잃은 어머니는 법정에서 유죄 선고를 받은 소년을 노려보며 "널 죽이고야 말겠어"라고 말하면서 분노를 참지 못했다. 그러던 그녀가 우연한 기회에 소년을 면회한 후 알 수 없는 연민에 이끌려 그를 보살핀다. 그리고 소년이 감옥에서 출소한 뒤 자기 집에서 지내게 하고 직장까지 구해준다. 급기야 어머니는 오갈 데가 없는 그를 양자로 받아들인다. 소년을 향한 연민이 용서로 바뀌었고, 아들을 잃은 슬픔을 이겨내고 새로운 아들과 새로운 삶을 찾게 되는 것이다. 이 모든 변화의 힘은 어머니가 가진 긍정성이었다. 이 이야기에는 '종교'의 흔적이 전혀 없다. 긍정적 감정은 어떤 종교, 어떤 철학의 힘을 빌리지 않고도 인간의 변화를 이끌어낸다.

성공은 불행하다는 생각을 버리는 것

2001년의 일이다. 성공을 향한 나의 집착이 모두를 힘들게 한 적이 있었다. 당시 나는 포스코 광양제철소의 제선부장으로 근무하고 있었는데, 직급은 상무보로서 상무 승진을 눈앞에 두고 있는 자리였다. 그런데 이때 용광로에서 트러블이 발생했다. 이른바 용광로 배탈 현상이라고 부르는데, 용광로가 탈이 나면서 생산 활동이 현격히 저하됐다. 문제 해결을 위해 전 직원이 달라붙었는데도 쉽게 회복이 되지 않았다. 시간이 흐르면서 손실은 커져만 갔다. 나는 자책감으로 거의 집에 들어가지 않고 현장에 살다시피 했다. 문제 해결을 위한 나의 집착은 주위 사람들을 힘들고 지치게 했다. 돌이켜 생각해보면 여유롭지 못하고 초조해하는 나를 보고 용광로도 꽤나 힘들어했을 것이다.

그렇게 한 달이 지나자 나도 심신이 지쳐갔다. 용광로 배탈은 멈출 줄 모르지, 스트레스는 쌓여가지, 도무지 탈출구가 보이지 않았다. 그때 아내가 내 손을 이끌고 지리산 법계사로 향했다. 그곳에서 나는 한 스님을 만났다. 불안한 나의 마음을 털어놓자 스님은 "가지고 있는 것도 다 못 쓰고 가는데 무얼 그리 집착하십니까? 당신이 힘들면 용광로도 직원도 힘들어하지 않겠습니까? 모든 것을 내려놓고 가진 것에 대한 감사의 마음으로 보시기 바랍니다"라고 말했다. 그 스님은 가끔은 '관세음보살' 대신 '감사합니다'라는 말로 하루 종일 염불을 하곤 했는데, 그러고 나면 모든 게 감사의 대상으로 보였다고 했다.

하루의 여행으로 고단한 내 심신이 안정을 찾은 것 같았다. 현장으로 돌아온 나는 '안 되는 것을 억지로 한다고 해서 되는 것은 아니다. 집착을 버리고 마음을 편히 갖자'라고 다짐하며 직원들에게 감사의 말을 전하고 오가며 용광로에게도 "힘들지. 고맙다"는 감사의 말을 표시했다. 그렇게 달라진 내 모습을 본 직원들도 마음의 평안을 찾는 것 같았고, 일이 잘 되려는지 그로부터 일주일 만에 용광로 배탈 현상은 멈추었다. 내가 나를 바꾸니 모든 난제들이 풀렸던 것이다.

다사다난했던 2001년을 보내고 2002년을 맞이한 내게 좋은 소식이 생겼다. 나는 상무로 승진했고, 그 뒤 광양제철소장, 포스코 ICT CEO로 이어졌다. 이른바 회사원의 성공가도를 달렸다고 할 수 있다. 하지만 이 과정을 거치면서 더 중요한 것을 깨달았다. 성공이 행복을 가져다주는 것이 아니라 현재의 순간에서 내가 감사를 느끼며 행복해하면 그것이 성공이라는 것, 내가 먼저 바뀌면 모든 것이 순차적으로 해결된다는 것을 말이다.

사실 긍정과 감사가 행복의 새로운 기준이 된다는 가치관이 하루아침에 이루어진 것은 아니었다. 2001년에 잠시 접한 감사와 긍정적 가치관이 운명이었던지 시간이 흐르면서 내게 더 구체적으로 다가왔고, 나는 그것을 간절한 마음으로 받아들이면서 나를 바꾸어나갔다. 나를 바꾸는 과정에서 한 조직이 성공적으로 변화했고, 그 조직은 이 책의 핵심 무대인 포스코ICT이다.

긍정성을
높여야
행복이 온다

현재 우리나라는 이혼율 세계 1위라는 불명예를 안고 있다. 경제적인 어려움, 배우자의 외도, 성격 차이 등으로 하루 평균 10쌍의 부부가 헤어지고 있는데, 이혼율을 낮출 수 있는 방법은 단 하나, 서로를 이해하고 존중하고 아끼는 노력뿐이다.

그 노력 가운데 매순간을 긍정적으로 보고 의식적으로 긍정적인 말과 행동을 하는 것이 중요하다. 좋은 부부는 처음부터 존재하는 것이 아니라 노력하면서 만들어진다. 상처를 주는 말 한 마디보다 위로의 말, 긍정의 말 한 마디를 건네는 마음가짐이 절대적으로 필요하다.

부부 관계를 오랫동안 연구해온 미국의 심리학자 존 고트만John

Mordecai Gottman에 의하면, 행복하고 안정적인 부부들은 긍정적인 비율과 부정적인 비율이 5 대 1로 나타난다고 한다. 즉 좋은 부부는 서로 부단한 노력을 통해 긍정적인 말과 행동을 더 많이 해야 탄생하는 것이지, 아무런 노력이 없으면 좋은 부부는 될 수 없다는 것이다.

기업도 마찬가지이다. 조직 구성원들의 긍정성이 높은 기업일수록 성과 또한 높게 나타나고 있다. 그래서 기업들은 저마다 고유의 방법으로 긍정성 향상을 위해 다양한 기업 문화 활동을 벌이고 있다.

파산과 적자가 난무한 미국의 항공 산업에서 오랫동안 고속 성장을 하는 사우스웨스트항공사가 있다. 9·11테러 이후 더욱 큰 어려움을 겪던 미국 항공사에서 유독 이 회사만 잘 나가는 데는 그만한 이유가 있었다. 침체된 기내 분위기를 바꾸기 위해 승무원이 직접 개그를 하거나 때로는 익살스러운 복장으로 승객들을 즐겁게 해주기 때문이었다.

가령 비행기가 착륙했을 때 기내 방송에서는 "비행기를 나가실 때에는 가지고 타신 모든 물건을 챙겨 가는지 확인하시기 바랍니다. 남겨진 물건은 승무원들이 공평하게 나누어 가지게 됩니다. 제발 아이들과 배우자를 놓고 가지는 마세요"라고 말하는 식이다. 특히 승객들 머리 위 사물함에서 깜짝 모습을 드러내는 이벤트는 인기 만점이다. 불안을 느끼는 공중에서 이런 파격적인 말과 행동들이 가능했던 것은 창의적인 아이디어와 자유로운 기업 문화, 그리고 상호 신뢰를 통한 노사 협력이 바탕이 되었기 때문이었다.

모든 직원들이 이런 모습을 보여줄 수 있는 것은 이 회사의 독특한 채용 방식에 기인한다. 일하는 데 필요한 기술은 가르칠 수 있지만, 남에게 봉사하는 훌륭한 태도는 가르칠 수 없다는 생각으로 직원 채용 시 가장 우선으로 여기는 것은 유머 감각이다. 이런 직원들이 모인 이 회사의 독특한 기업 문화는 일을 일이라 생각하지 않고 재미난 놀이라고 생각한다는 것이다. 직원들이 그 어떤 돌발적인 행동을 해도 좋다는 뜻이다.

즐겁고 재미나게 일하는 사람들의 긍정성은 대체로 높은 편이다. 이러한 긍정성을 바탕으로 하는 긍정 심리 자본은 물적 자본과 인적 자본이 경쟁력의 기반이 된 산업화 시대를 마감하고 지식 창조와 융합의 시대를 맞이하여 사회적 자본과 함께 21세기의 가장 중요한 자본이다.

긍정성을 높여주는 감사거리는 널려 있다

오늘날 우리는 과거보다 물질적인 면에서 삶의 조건이 많이 나아졌다. 당장의 끼니를 걱정해야 했던 지난날에 비하면 풍요로울 정도다. 사실 60년대까지만 해도 우리나라는 절대적 빈곤에 시달렸다. 보릿고개라 불리는 춘궁기에는 당장의 끼니를 해결하기 위해 등짝까지 붙은 뱃가죽을 움켜쥐고 소나무 껍질을 벗겼다. 갈아입을 여벌이 없어 때가 덕지덕지 묻은 겨울옷 하나로 임동설한을 보낸 사람들도 부지기수였다.

하지만 빠른 경제성장을 통해 현재 우리는 물질적으로 풍요로운 시대에 살고 있다. 혹 해외여행이라도 다녀오면 우리가 얼마나 비약적인 발전 속에서 잘살고 있는지 실감하게 된다. 도로, 철도, 공항 등의 사회 기반 시설이 잘 다져진 것은 물론 편안하고 안락한 삶을 누릴 수 있는 상품들이 차고 넘친다.

부익부 빈익빈 심화 현상이 사회 문제로 지적되고는 있지만, 물질적으로 안정된 삶을 누릴 수 있는 소득도 이제 선진국 못지않다. 이처럼 소득이 올랐으니 행복 지수가 분명 올라가야 하는데 우리의 현실은 자살로 우울증으로 치닫고 있다. 이유는 분명하다. 성공을 행복의 기준으로 보았기 때문이다. 현재 가진 것에 감사하고 행복감을 느껴야 하는데, 성공만을 좇았다는 것이다.

2002년 노벨경제학상을 수상한 행동경제학의 창시자 대니얼 카너먼Daniel Kahneman은 본래 심리학 교수다. 《생각에 관한 생각 Thinking, Fast and Slow》이라는 책으로 우리에게도 잘 알려진 그는 오랫동안 소득과 행복에 대한 연구를 해왔다. 그 결과 그는 "소득이 많을수록 행복감도 높아지지만 연소득이 7만 5,000달러를 넘으면 소득 증가에 따른 행복감은 최소한에 그친다"고 말했다. 적절한 소득이 행복의 기준은 되지만, 무조건 많은 소득이 행복감을 증진시키지는 않는다는 것이다.

곳간에 곡식이 꽉 차 있을 때와 곳간이 텅 비어 있을 때의 마음은 분명 다르다. 하지만 절대적 빈곤이 사라진 오늘날의 현실은 꼭 그렇지 않다. 보통 사람은 언감생심 꿈도 꿀 수 없는 고소득자가 현실을 비관하며 덜컥 소중한 목숨을 끊는 소식을 종종 접하곤 한다.

2010년 행복 전도사로 불리며 행복과 웃음을 안겨줬던 분이 자살을 해서 우리 사회에 충격을 주었다. 자살 이유가 극심한 통증 때문이라고 하지만, 항시 행복 에너지를 발산했던 분의 급작스런 죽음은 수많은 사람들에게 당혹감을 주었다. 어떤 상황이 와도 극단적인 선택만은 안 된다고 피력했던 분의 행복론에 의문을 품었다.

가진 것에 감사하고, 욕심을 줄이고, 그 대신 삶 자체에 즐거움을 추구하면 행복한 삶이 될 수 있다는 행복 전도사의 행복론은 이제 부분적으로 수정돼야 한다. 소득이 행복의 척도가 되지 않는 것은 부분적으로 동의하지만, 참된 의미의 행복한 삶이 되려면 즐거움의 추구에서 한 걸음 더 나아가야 한다.

사실 이에 대한 연구는 10년 전부터 미국의 심리학계에서 진행
돼왔다. 긍정적 사고의 증대가 행복을 가져온다는 긍정심리학인
데, 이러한 긍정심리학의 창시자 마틴 셀리그만은 즐거움을 추구
하는 삶뿐만이 아니라 '몰입하는 삶', '의미 있는 삶'을 함께 살아
야 진짜 행복한 삶이라고 한다.

마틴 셀리그만이 제시한 세 가지 삶을 자기 안에 내재화시켜 동
시적으로 사는 사람을 행동하는 긍정주의자optimist라고 부르는데,
개인은 물론 개인이 속한 조직이나 기업이 잘 되려면 이러한 사람
이 많아야 한다. 이들이 미래의 회사를 이끌어갈 새로운 자본이기
때문이다.

행동하는 긍정주의자가 되려면 어떻게 해야 할까? '개개인이 가
지고 있는 발전 추구의 긍정적인 심리 상태'를 의미하는 긍정 심
리 자본을 키워야 한다. 긍정 심리 자체가 자본이라는 것이다.

그렇다면 긍정성은 어떻게 높여야 하는가? 몸에 근육을 만들려
면 강도 높은 훈련을 해야 하듯이 긍정성을 높이려면 마음의 힘,
즉 마음의 근육을 역시 강도 높은 훈련을 통해서 만들어야 한다.
마음의 훈련은 폭넓은 관심과 깊은 관찰로 나와 주변에서 감사할
대상을 찾아내 감사를 하면 다른 그 어떤 것보다 효과가 높다.

간혹 사람들은 감사할 대상이 없다고 항변한다. 이럴 때마다 나
는 나태주의 〈풀꽃〉을 들려준다.

풀꽃

자세히 보아야
예쁘다
오래 보아야
사랑스럽다
너도 그렇다

짧지만 강렬한 감동을 가져다주는 이 시를 읽다 보면 관심과 관찰만 있으면 이 세상에 감사하지 않을 대상이 없다. 회사 조직 구성원들의 경우 관심과 관찰을 업무로 눈을 돌려 그곳에서 감사할 대상을 찾아 감사하기를 하면 긍정성 향상은 다른 그 어떤 방법보다 빠르게 이루어진다. 이때 중요한 것은 운동선수의 경우 반복적인 훈련이 그 동작을 몸에 익숙하게 하듯이 마음의 훈련인 감사하기도 규칙적이고 반복적으로 해야 한다. 그래야만 실질적으로 긍정성을 높여 행복을 얻을 수 있다. 그러기 위해서는 개인이든 기업이든 감사하기와 아울러 긍정성을 높이는 문화를 일상에서 꾸준히 만들어가야 한다. 개인은 개인대로, 기업은 기업대로 자신들만의 상황과 분위기에 맞는 문화를 가꾸고 다듬는 일은 21세기 긍정 심리 자본 확보에 반드시 필요한 요소라고 생각한다.

행복은
관점의
전환이다

　사람들이 내게 행복의 반대말이 무엇이냐고 물으면 불행이 아니라 불평이라고 말하고 싶다. 일자리를 잃게 되었을 때 실직이라는 처지를 두고 끊임없이 사회와 자신에 대해 불평을 하면 그의 삶에는 불행이라는 꼬리표가 붙는다. 다시 말해 행복을 느끼지 못하는 것은 불행해서가 아니라 불평하는 마음이 있기 때문이다.

　이러한 현상을 프레임을 통해 생각해보기로 하자. 창문이나 액자의 틀을 지칭하는 '프레임Frame'을 심리학에서는 '세상을 바라보는 마음의 창'이라고 한다. 이는 관점을 의미하는데, 서울대 심리학과 최인철 교수는《프레임: 나를 바꾸는 심리학의 지혜》라는 책에서 "어떤 프레임을 통해 세상에 접근하느냐에 따라 삶에서 얻어내는 결과물들이 바뀐다"라고 말했다. 즉 선글라스만 껴도 세상이 달라 보이듯이 세상을 보는 방식을 조금만 바꾸어도 종전과 다른 삶을 살 수 있다고 한다.

이처럼 자신의 사고방식을 바꾸려면 새로운 프레임을 가져야 하는데 최인철 교수는 "행복한 사람은 의미 중심의 프레임으로 세상을 바라본다"라고 말했다. 여전히 성공을 행복의 척도로 보는 사람은 이 말의 의미를 깊이 새겨야 한다. 성공을 꿈꾸는 사람은 돈과 권력을 갖고 싶어 할 것이다. 그래서 그것을 얻을 수 있는 방법만 생각한다. 하지만 행복을 추구하는 사람은 돈과 권력이 자신의 인생에 어떤 의미가 있는지를 먼저 생각한다. 즉 우리는 하위 프레임인 'How'가 아니라 상위 프레임인 'Why'를 추구해야 한다는 것이다.

이러한 삶을 살기 위한 제안 가운데 하나로 그는 긍정적인 언어를 선택하고 긍정적인 사고를 하라고 한다. 아침에 차의 시동이 걸리지 않아 대중교통을 이용해 출근할 생각을 하니 짜증이 밀려왔는데, 순간 생각을 긍정적으로 바꾸어 오랜만에 전철 역 계단도 걷고 바람도 쐴 수 있다고 생각하면 짜증은 홀연히 사라지는 것처럼 말이다.

이처럼 어떤 문제를 어떻게 보느냐, 즉 관점에 따라 우리의 삶은 행복할 수도 있고 불행할 수도 있는데, 감사나눔을 하기 이전부터 나는 이를 절실히 깨닫고 있었다.

포스코 제선부 과장 시절, 우리 집 고부간의 갈등은 심각했다. 당시 아내는 교사였기 때문에 두 아이를 키우는 일은 어머니가 도맡다시피 했다. 시간이 흐르면서 서로에게 섭섭한 마음은 더해만 갔다. 아이들을 위해 모든 것을 희생하며 집안일을 하시는 어머니는 며느리가 돈을 번다고 어른 대접을 소홀히 한다고 생각했고, 아내는 내성적인 어머니의 성격에 자신을 맞추기가 쉽지 않아 퇴근 후 피곤하여도 말없이 밀린 집안일들만 챙기곤 했다. 그렇게 서로 마음의 대화가 없다 보니 가정에는 웃음이 없었다.

현실을 탈피하고 싶은 아내는 10년 뒤 모습으로 지금의 본인을 바라보니 내가 먼저 바뀌지 않으면 인생이 너무 불행할 것 같은 절망감에 젖어들어 다소 두렵기까지 하여 현실을 재조명하여 보니 '어머니가 없었다면 우리 아이들이 저렇게 잘 자랐을까? 과연 나는 학교 생활을 잘해낼 수 있었을까?' 하는 생각에 다다랐다. 그러자 불현듯 그동안 느끼지 못했던 어머니의 노고가 가슴에 와 닿아 아내는 어머니 손을 꼭 잡고 "어머니 제가 너무 부족했어요. 제가 너무 몰랐어요. 정말 감사합니다"라고 말하며 눈물을 흘렸다.

그 뒤 아내는 어머니가 이해해주지 않을 것이라고 지레짐작한 것들을 어머니 관점에서 미주알고주알 이야기를 하며 상의를 했고, 어머니는 그런 아내의 변화된 태도를 보고 마음을 열기 시작

행복한 리더가
행복한 일터를 만든다

했다. 이를 계기로 아내 또한 큰 변화를 보였다. 평소 과묵했던 아내는 어머니에게 친근감 있게 말을 건네게 되면서 누구하고도 이야기를 잘 나누며 원만하고 붙임성 있는 성격의 소유자가 되었다. 그런 며느리를 보고 어머니는 어디를 가도 "우리 집 며느리가 최고야"라며 며느리 자랑을 하셨다. 대화가 풍성해지면서 우리 가정은 웃음이 넘쳐났다. 어머니의 입장에서 생각을 한 것, 즉 아내가 보여준 관점의 전환이 우리 가족에게 큰 행복을 안겨준 이정표였던 것이다.

관점을 바꾸어 행복해진 사람들

일본에서 경영의 신으로 추앙받고 있는 전설적인 기업인 마쓰시타 고노스케松下幸之助는 자신의 성공 비결을 환경과 조건에 대한 관점의 전환에 있었다고 말한다. 가난하고, 허약하고, 배우지 못한 그는 자신의 불우한 환경을 탓하지 않고 생각을 바꾸었다. 가난했기 때문에 할 수밖에 없었던 구두닦이, 신문팔이 같은 온갖 고생을 필요한 경험을 쌓은 것으로 생각했다. 허약했기 때문에 항상 운동에 힘써 늙어서도 건강하게 지낼 수 있었다. 초등학교 학력이 전부인 것을 탓하지 않고 모든 사람을 스승으로 삼아 배우며 살았기에 거대 기업의 총수가 될 수 있었다. 즉 자신에게 주어진 조건을 불행의 조건으로 보지 않고 관점의 전환을 통해 더 행복해지기 위한 기회로 보았다.

시각 장애를 극복하고 작가로 사회사업가로 열정적인 활동을 한 헬렌 켈러 또한 관점의 전환을 통해 행복한 삶을 살았다. 생후 열병으로 보고, 듣고, 말하지 못하는 삼중고에 시달리는 자신의 인생을 "나의 역경 때문에 나 자신, 나의 일을 발견하여 감사하다"며 정상인도 하기 어려운 많은 일들을 하고 떠났다.

헬렌 켈러의 《사흘만 볼 수 있다면*Three days to see*》이라는 책을 보면 우리는 얼마나 감사와 행복의 조건 속에서 살고 있는지 모른다.

첫째 날, 눈을 뜨는 첫 순간 설리번 선생님을 찾아가 그분의 모습을 나의 마음속 깊이 간직해두겠습니다. 그리고 밖으로 나가 바람에 나풀거리는 아름다운 나뭇잎과 들꽃들, 석양에 빛나는 노을을 보겠습니다. 둘째 날, 이른 새벽에 먼동이 트는 웅장한 장면을 보겠습니다. 낮에는 박물관과 미술관을 보겠습니다. 저녁에는 보석 같은 밤하늘의 별들을 보겠습니다. 셋째 날, 새벽 일찍 출근하는 사람들의 얼굴 표정을 보겠습니다. 낮에는 오페라하우스와 영화관에 가겠습니다. 어느덧 저녁이 되면 네온사인이 반짝거리는 거리, 쇼윈도에 진열된 아름다운 상품들을 보겠습니다. 그러고는 집으로 돌아와 감사의 기도를 드리고 영원히 암흑의 세계로 돌아가겠습니다.

우리가 매일 볼 수 있는 것들을 헬렌 켈러는 단 사흘만 보아도 감사의 기도를 드리겠다고 했다. 이처럼 일상의 것들에 대해 소중함을 느끼는 감사야말로 정말로 우리가 해야 할 감사다.

남아프리카의 흑인 인권운동가 넬슨 만델라Nelson Mandela는 무려 27년이나 감옥에 있었다. 44세에 들어가 72세에 감옥에서 나온 그냥 예상과 달리 무척 건강했다. 자기를 가둔 사람들 때문에 고통과 원한이 사무쳐 마음도 몸도 상했을 텐데 그는 여느 노인들보다 더 씩씩하고 건강했다.

그 연유를 기자가 물으니 그는 "나는 감옥에서 하나님께 감사했습니다. 하늘을 보고 감사하고, 땅을 보고 감사하고, 물을 마시며 감사하고, 음식을 먹으며 감사하고, 강제 노동을 할 때도 감사하고, 사형수가 되지 않은 것에 감사하고, 늘 감사했기 때문에 건강을 지킬 수 있었습니다"라고 말했다. 그는 감옥을 불평과 원망의 장소로 본 것이 아니라 새로운 꿈을 펼칠 준비를 하는 곳으로 보고 매사에 감사하며 수감 생활을 했다. 즉 관점의 전환을 통해 고난을 감사로 여기며 지냈고, 그 힘이 바탕이 되어 이후 노벨평화상을 수상하는 등 인류 발전에 많은 업적을 남겼다.

토크쇼의 여왕 오프라 윈프리Oprah Winfrey의 어린 시절은 불우했다. 가난, 가출, 마약, 성폭행, 미혼모, 아이의 죽음 등이 그녀의 삶을 힘들게 했다. 그녀는 다시 만난 아버지를 통해 감사를 알게되었고, 감사하기를 실천하면서 불행하다는 생각을 행복하다는 생각으로 관점을 바꾸었다. 관점의 선환이 일어나지 하찮아 보이기만 했던 일상의 모든 것들에 감사할 줄 알게 되었다.

그녀가 쓴 감사일기를 보면, "오늘도 거뜬하게 잠자리에서 일어날 수 있어서 감사합니다. 유난히 눈부시고 파란 하늘을 보게 해주셔서 감사합니다. 점심 때 맛있는 스파게티를 먹게 해주셔서 감사합니다. 얄미운 짓을 한 동료에게 화내지 않았던 저의 참을성에 감사합니다. 좋은 책을 읽었는데 그 책을 써준 작가에게 감사합니다"라고 적혀 있다. 무심히 지나갈 수 있는 것들에 대한 감사다.

즉문즉설로 잘 알려진 법륜 스님은 "사람들은 천당에 가기를 소원합니다. 그런데 천당에 가면 행복할까요? 괴로운 사람은 어디를 가도 괴로워하고 불평하는 사람은 어디를 가도 불평합니다. 즉 천당과 지옥은 따로 있지 않습니다. 내 마음이 행복하면 천당이고 내 마음이 괴로우면 지옥입니다"라고 말했다. 즉 천당과 지옥이라는 조건은 하등 중요하지 않고 관점의 전환을 통해 내가 어떤 마음을 먹느냐가 행복과 불행을 결정한다는 것이다.

다시 말하지만 행복에서 조건은 10퍼센트 정도밖에 차지하지

행복한 리더가
행복한 일터를 만든다

않고 어떤 관점에서 나와 주위를 볼 것이냐에 따라 행복이 결정된다. 누군가는 실연을 당하면 폐인이 되고, 누군가는 사랑의 아픔을 문학으로 승화시켜 시인이 된다고 한다. 자신에게 닥친 조건을 어떤 관점을 가지고 어떻게 보느냐에 따라 우리의 삶은 확 달라진다. 관점의 전환에 가장 큰 역할을 하는 툴인 감사하기, 이는 우리의 짧으면 짧고 길면 길다고 할 수 있는 소중한 인생에 분명 큰 행복을 안겨줄 것이다.

실패하는 사람은 자신에게 없는 것을 보고 불평하며, 성공하는 사람은 자신에게 있는 것을 보며 감사하는 사람이다. 마쓰시타 고노스케, 헬렌 켈러, 넬슨 만델라, 오프라 윈프리. 이들은 자신에게 없는 것을 원망하지 않고 있는 것에 감사하며 행복한 삶을 살았다. 이처럼 행복은 똑같은 환경이나 조건을 보더라도 어떤 관점으로 보느냐에 따라 달라지고, 그것은 우리 인생을 참된 의미에서 즐겁고 행복하게 해줄 것이다.

행복을 중심으로 성공이 돈다는 코페르니쿠스적 전환으로 성공의 기준을 바꾸어야 하고, 행복하기 위해서는 긍정성을 높이고 관점을 전환해야 한다는 이러한 생각들을 짧은 시기에 집중적으로 접한 사람들이 있다. 그들이 이러한 생각을 하면 좋겠다는 바람으로 그들의 마음을 얻고자 그들의 관점에서 행한 포스코ICT 기업 사례를 지금부터 나누어보겠다.

두 개의
엇갈린
시선

2010년 3월의 어느 봄. 만물은 언제나 그랬던 것처럼 새 생명을 움트며 달려가고 있었고, 나는 그동안 30년이 넘게 몸담아왔던 포스코에서 포스코ICT CEO로 보직이 변경됐다. 철강쟁이에서 다소 생소하다고 할 수 있는 ICT 기업을 책임지고 이끌어야 하는 CEO로 변신한 것이다.

포스코ICT는 2010년 2월 포스콘과 포스데이타라는 포스코 그룹의 두 회사가 융합을 통한 녹색 성장이라는 시대의 흐름에 맞추어 새롭게 만들어진 통합 회사였다. 두 회사 모두 통합 당시 매출액 4,000억원 대에 1,200여 명의 직원을 두고 있는 중견 기업이었다.

포스콘은 1979년 창립되었는데, 포스코의 철강 EIC(Electricity

행복한 리더가
행복한 일터를 만든다

Instrument Computer, 전기 계장 컴퓨터) 노하우를 기반으로 제철소 엔지니어링과 운영 및 정비를 맡고 있던 회사로 포스코 그룹 내 사업의 비중이 컸기 때문에 큰 굴곡 없이 안정된 사업 구조를 가지고 있었다.

포스데이타는 1989년 창립된 IT 서비스 전문 회사였다. 이 회사는 IT를 육성하기 위해 포스코와 계열사의 전산실을 통합하여 독립 회사로 탄생한 것이다. 포스데이타는 선진 IT 기술을 기반으로 포스코 그룹 전체의 정보화를 지원하고 있었고, 이를 바탕으로 신성장 대외 사업을 성장 동력의 차원에서 적극 참여하고 있었다.

포스데이타는 2004년부터 4세대 이동통신에 도전했다가 실패해 어려움을 겪고 있던 터였다. 이 회사는 4년 동안 2,000억 원을 투자해 무선 인터넷 서비스인 와이브로 개발에는 성공했지만, 와이브로가 차세대 통신 기술의 표준 장벽으로 시장을 열지 못해 사업에 어려움을 겪게 되었고, 재무 구조 또한 악화되고 있었다.

반면에 포스코 그룹 내 철강 사업에 집중한 포스콘은 안정적 구조를 기지고 있었기에 포스데이타와는 재무 구조는 물론 직원들의 정서가 한참 달랐다. 이처럼 공통점이 별로 없어 보이는 두 회사를 통합하려고 하자 그것을 보는 시선이 나뉘어졌다. 통합 주체인 포스코의 입장에서는 이 시대의 트랜드인 환경을 바탕으로 하는 녹색 성장 사업을 일구는 데 있어서 포스콘의 우수한 컨트롤

Control 기술과 포스데이타의 축적된 IT 기술이 합쳐지면 새로운 시너지 효과가 날 것으로 판단했다.

하지만 통합 대상인 두 회사의 조직 구성원들은 이를 반기지 않았다. 포스콘의 조직 구성원들은 재무 구조가 악화되어 있는 기업과 합해지면 자신들이 가진 것을 나누어줘야 하지 않을까 우려했다. 포스데이타 직원들 또한 IT와 다소 거리가 있는 엔지니어링과 합해져 무슨 시너지 효과가 날 것인지 반신반의했다.

통합된 회사에 대한 우려의 시선으로 바라보는 이들의 관점은 통합 직후 사내 게시판에 올라오는 수많은 불평불만 속에서 확인할 수 있었다. 실제로 두 회사의 통합은 회사의 규모가 커지는 것이기에 포스코 그룹 내에서의 위상이 달라지는데도 조직 구성원들은 변화된 현실이 피부에 와 닿지 않았다.

사실 서로 이해하기 어려운 이질적인 업종, 그리고 포스코라는 큰 테두리에 있었지만 수십 년간 서로 다른 기업 문화를 가지고 있던 두 회사의 통합으로 인해 그 조직 구성원들의 심정이 복잡할 수밖에 없다는 것을 짐작하지 못하는 바는 아니었다.

마치 당사자의 의견은 무시하고 집안 어른들의 이해에 따라 정략결혼으로 탄생한 부부 같았기에 그 심정은 충분히 이해가 갔다. 즉 집안이 어려워져 자존심이 상해 있는 상태로 IT 회사에 다니는 서울의 노처녀(포스데이타)를 수수하면서도 듬직한 포항의 철강회사에 다니는 노총각(포스콘)과 맺어줬는데, 한 번 상한 노처녀의 자존심은 좀처럼 상대를 사랑하기 쉽지 않았고, 노총각은 노총각 신세를 면해 고민을 덜었지만 애정을 주지 않는 신부를 보고 그럴 테면 왜 결혼했지 하는 회의감에 젖어들어 서로가 힘든 상황으로 느껴졌다.

긍정적 사고가 절대 필요해

통합 회사에서 우선적으로 해야 할 일은 통합의 의미에 대한 충분한 설명, 그리고 통합이 새로운 희망이 될 수 있다는 점을 분명히 인식시키는 것이었다. 이러한 내용을 담은 취임사를 열심히 읽어나갔는데 직원들에게는 새로 온 CEO로서 으레 하는 하나의 관행으로 인식되었는지 무표정과 무덤덤함만이 취임식 강당 안을 가득 메우고 있었다.

취임사를 마치면서 잠시 생각에 잠겼다. 누구나 기업이든 조직이든 그곳의 최고 책임자로 가게 되면 원대한 희망을 심어주는 것은 응당 해야 할 일이었다. 그것이 의례적인 것이든 진심 어린 것이든 반드시 거쳐야 할 과정인데, 문제는 그것을 받아들이는 조직 구성원들의 마음이었다. 그들의 마음이 어떤 상태에 있는지 제대로 파악해야 소통의 주파수를 올바로 맞출 수 있고, 그것이 다른 무엇보다 급선무인데 나는 취임식을 끝내고 나서야 알게 되었던 것이다.

나는 고민에 빠졌다. 도대체 무엇이 저들로 하여금 새로운 CEO에 믿음을 갖지 않으려는 것일까? 그들은 경영진에 대한 불신과 함께 회사의 성장이 정체돼가고 있는 것에 대한 실망도 상상 이상으로 강했다. 많은 사람들이 선망하는 포스코에 어렵게 입사해 안정된 미래를 꿈꾸며 희망에 부풀어 일했는데, 투자 실패로 경영 성과 부진을 겪고 있는 기업의 구성원으로 전락하고 말았으니 그 심정이 오죽했겠는가.

나는 36년 동안 포스코의 철강맨이었다. 학부 전공도 금속학이었고, 사회생활 시작도 철강이었고, 청년을 거쳐 중장년의 삶도 철강이었다. 20대부터 단 한 번도 철강과 동떨어진 삶을 살아본 적이 없었다. 평사원에서 시작해 제선부장, 기술연구소장, 광양제철소장, 생산기술부문장까지 거쳤으니 철강 부문 엔지니어들의 선망의 대상이 될 법도 했다. 그만큼 철강은 나와는 불이不二의 존재로 내 삶의 전부였다.

특히 2006년부터 3년 동안 광양제철소장으로 재임하면서 그곳에서 얻은 성과로 '혁신과 열정의 전도사'라는 타이틀을 얻게 되었다. 당시 나는 세계 최고의 자동차 강판을 가장 빠른 시간에 만들어야만 하는 절체절명의 절박한 과제 때문에 밤낮으로 현장의 혁신을 주문했고, 직원들 역시 최선을 다해 혁신을 이행했고, 그 결과 광양제철소는 세계적인 자동차 강판 전문 제철소를 구현할 수 있었다.

나는 혁신에 대해 "말과 뜻, 마음이 통하는 조직 문화를 만들어 조직 간의 벽을 허물고 일하는 방식을 개선해서 성과를 높이는 방법이 혁신이다"는 생각을 갖고 있었다. 이러한 생각이 현장에서 성공적으로 적용하려면 무엇보다 불합리한 것들을 단호하게 제거하고, 서로의 벽을 허물어야 한다. 그러기 위해서는 먼저 자신의 벽을 넘어서야 하는데, 자신의 벽을 넘을 생각을 하지 않고 남의 벽만 무너지기를 바라면 그런 관계에서 소통과 신뢰는 기대하기 어렵다. 하지만 소통과 신뢰만 제대로 구축되면 그 다음 일은 위에서 아래로 물이 흐르듯 자연스럽게 풀릴 수 있다고 생각했다.

통합 회사의 초기 현실을 보면서 이러한 내 생각을 어떻게 접목시킬까 고민에 고민을 거듭했다. 분명 철강맨인 나를 IT 분야로 발령을 낸 데에는 그만한 이유가 있었을 것이다. 나는 철강 부문에서 해낸 업業의 진화, 자동차 강판을 만들면서 축적된 EIC와 IT 기술에 대한 통섭적인 이해를 발판 삼아 이곳에서 더 나은 시스템을 만들라는 뜻으로 알았다. 덩치에 맞는 새로운 옷 즉 기업 문화를 만들어보라는 주문이라고 생각했다.

숙고 끝에 나는 이곳에서 가장 중점적으로 해야 할 일을 결정했다. 그것은 구조 조정도 신사업 구상도 투자 유치도 조직 개편도 아니었다. 즉 회사를 회생시킬 그 어떤 경영 혁신보다 당장 시급한 것은 두 회사의 결합이 엄청난 시너지를 내는 업業의 진화라는 것을 인식시켜주고, 그것을 소통과 신뢰 구축을 통해 긍정적으로 받아들이는 마인드를 키우는 것이었다.

　나는 3월의 꽃샘추위를 내 스스로 물리치기 위해 여러 관점에서 다각도로 생각하며 구상을 다듬어나갔다. 조직 구성원들이 보여준 무표정한 태도가 더는 내게 중요하지 않았다. 그들을 보는 내 관점을 바꾸어 어떻게 직원들과 소통해야 할지 몰두하느라 시간은 금방 흘러가면서 봄은 무르익어가고 있었다.

심각하게
낮은
성과 몰입도

'열 길 물속은 알아도 한 길 사람 속은 모른다'는 속담이 있다. 그만큼 남의 마음을 이해하고 헤아리기 어렵다는 뜻이다. 하지만 나는 어떻게 해서든 통합 회사 직원들의 마음을 들여다보아야 했다.

그 결과 20~30년간 서로 다르게 살아온 문화적 차이 때문인지, 서로의 업業에 대한 이해의 부족 때문인지, 이해 자체를 아예 하지 않으려고 마음의 문을 닫았기 때문인지, 여전히 기존의 일하는 방식을 고수하는 모습은 아무리 봐도 여전히 두 개의 회사였지 하나의 회사는 아닌 것 같았다.

특히 더 충격을 받은 것은 두 회사의 2009년 성과 몰입도를 확인한 뒤였다. 이 숫자만 놓고 보면 애사심이 과연 있는지, 아니 회사에 남아 있을 생각은 있는지 적이 의구심을 품을 수밖에 없었다.

포스코는 매년 직원들이 얼마나 개인과 조직의 성과에 몰입하고 있는지를 측정하기 위해 휴잇 어소시에이츠Hewitt Associates에 의뢰해 성과 몰입도를 측정한다. 2009년 포스콘의 성과 몰입도는 48퍼센트, 포스데이타는 38퍼센트였다. 포스콘과 포스데이타의 성과 몰입도가 모두 낮아 우려되었지만, 이보다 더 걱정인 것은 포스데이타의 성과 몰입도는 직원들의 낮은 성과 몰입이 향후 경영 성과에 부정적인 영향을 초래할 가능성이 높은 단계, 즉 심각 단계Serious Range라는 것이었다.

성과 몰입도가 낮으면 직책 보임자들부터 위기의식을 느끼고 돌파구를 찾아야 하는데 이들은 시간이 지나면 차츰 나아질 것이

성과 몰입도(2009)

POSCO ICT 성과 몰입도 : 43%
→ Serious Range
· POSCO : 74%

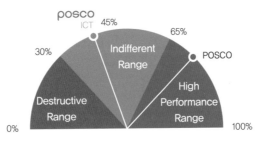

posco
ICT 45%   65%

30%   POSCO

           Indifferent
           Range

                    High
Destructive   Performance
Range   Range

0%   100%

행복한 리더가
행복한 일터를 만든다

라는 막연한 기대감을 갖고 별다른 변화 없이 평상시처럼 일하는 것 같았다. 즉 직원들이 열정을 갖고 업무에 몰입할 수 있도록 소통과 신뢰를 통해 일하고 싶은 직장을 만들어야 하는데, 이들은 그 상황을 심각하게 여기지 않았다. 성과 몰입도에서 제시하는 수십 개의 항목은 직책 보임자들이 직원들을 케어care할 수 있도록 안내하는 일종의 가이드인데 그 누구도 낮은 성과 몰입도를 두고 깊게 고민하지 않는 것 같았다.

그렇다면 나는 어디서부터 손을 대야 할까? 그때 순간적으로 내 머릿속은 광양제철소 시절로 돌아갔다. 그곳에서 열정적으로 시행했던 혁신들을 이곳에서 빠르게 정착시켜나가는 계획을 세워볼까? 하지만 그럴 수는 없었다. 새로운 방법을 찾는 것이 현명할 것 같았다. 평소 존경하던 피터 드러커Peter Ferdinand Drucker가 떠올랐기 때문이었다.

경영학의 아버지로 불리는 피터 드러커 교수는 그의 저서 《프로페셔널의 조건The essential Drucker》에서 "승진하여 새로운 직무를 맡은 유능한 사람 가운데 계속해서 성공을 거두는 사람은 그리 많지 않았다. 새로운 직무를 맡은 뒤에도 과거에 이미 성공을 거두었던 일을 계속했다"라고 지적했다. 조직마다 고유의 조직 문화와 그 조직에 맞는 옷이 있기 때문에 그것을 빨리 파악해 그에 맞는 일을 해나가야 성공이 지속되지, 그렇지 않고 과거를 고집하면 실패하고 만다는 뜻이다.

ICT라는 기업은 IT 및 엔지니어링으로 이익을 내는 구조, 즉 사람이 중심인 기업이라는 환경 변화를 먼저 인식해야 했다. 설비가 중심인 제철소의 생산 방식과는 기업 문화가 근본적으로 다르기에 기존의 사고를 버리고 이제 '새 술은 새 부대에 닦는다'는 심정으로 관점의 전환을 통해 끊임없이 새로운 사고를 해내야 했다. "토끼를 잡으려면 귀를 잡고 닭을 잡으려면 날개를 잡고 사람을 잡으려면 마음을 잡아야 한다"라는 말처럼 말이다.

바로 이것이었다. 이곳에서 성과 몰입도를 올리기 위한 혁신 전략을 만들어야 하는데, 그것은 여느 회사와 달리 사람의 마음을 잡는 것에 초점을 두기로 했다. 기존의 CEO와 다른 모습을 보여주면서 그들의 마음을 잡기 위해 나는 모든 것을 쏟기로 했다.

그들의 마음은 턱없이 낮은 성과 몰입도가 입증하고 있듯이 회사와 자신을 위해 무언가를 하겠다는 의지가 전반적으로 낮았다. 포스데이타의 경우 CEO들이 해마다 올해는 대외 프로젝트를 성공시켜 임금 상승은 물론 복지 향상이 이루어질 테니 함께 열심히 뛰어보자고 해서 열심히 뛰었으나 매번 성과를 내지 못했다. 특히 최근 4년간 임금 동결과 성과급 미지급으로 직원들의 정서는 새로운 환경 변화나 도전에 대하여 냉소적으로 바뀌어 있었다.

포스코가 두 회사를 통합시킨 목적은 분명했다. 포스데이타가

보유하고 있는 첨단 IT 기술과 포스콘의 엔지니어링 역량을 결합시킨 컨버전스 사업으로 더 큰 시너지를 내는 회사가 될 수 있다는 발상의 전환이었다. 방법은 단 하나, 인내를 가지고 그들의 닫힌 마음을 열기 위해 성심을 다해 소통하는 일이다.

단시일 내에 파악하기 어려운 그들의 마음을 나는 우선 낮은 성과 몰입도를 통해 가늠해보았다. 이처럼 성과를 내기 어려운 마음 상태였으니 통합을 해도 그들이 가지고 있던 상실감과 불신 해소가 생각처럼 빠르게 해결될 문제는 아니었다. 그렇다고 마냥 기다릴 수만은 없는 노릇이었다. 평소 나는 '기업은 속도에서 밀리면 모든 게 끝이다'라는 생각을 해왔기 때문이었다.

기존의
통념은 깨야
빛이 난다

통합 당시 전체 회사 분위기는 극심한 변화가 예고되어 있었고, 이는 누구보다 조직 구성원 당사자들이 더 절실히 느끼는 것이었다. 한쪽은 이번 통합으로 안정된 직장이 혹시 흔들릴까 두려워하고 있었고, 다른 한쪽은 적자 기업이라는 이유로 자신들의 위치가 위축될까 두려워하고 있었다.

기업 통합(PMI, Post-Merger Integration)의 변화 과정을 단계적으로 설명하는 데 가장 적절한 이론이 J-Curve다. J-Curve에 따르면 여느 조직이든 새로운 변화가 시작되면 조직 구성원들은 그 변화를 받아들이지 않고 저항을 한다. 이유는 자신들의 존재를 드러내야 그 변화가 자신들에게 유리해지는 쪽으로 갈 수 있다고 여기기 때

행복한 리더가
행복한 일터를 만든다

문이다. 그래서 성장 곡선은 멈추고 잠시 하강 곡선을 그리며 바닥으로 내려간다.

이때 경영진은 이들에게 긍정성을 심어주면서 저항을 줄이고 변화된 현실에 적응하는 적응력을 길러줘야 한다. 이 과정을 거치게 되면 변화라는 위기는 기회로 바뀌어 상승 곡선을 그리며 높은 성과 상승으로 이어질 수 있다.

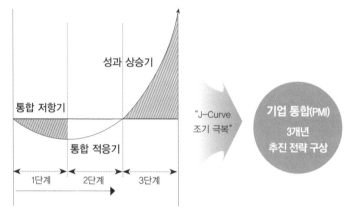

※J-Curve : 변화 관리 실행 시 성과 및 구성원 변화 단계
〈미국 인적자원관리협회 제럴드 제리슨Jerald M. Jellison 교수〉

이러한 기업 통합 시의 J-Curve를 조기에 극복하기 위해서는 우선적으로 전 직원 참여 하에 비전을 공유하고 전략을 수립하여 전사적인 대응 체제를 구축해야 한다.

먼저 비전에 대해 직원들의 참여와 관심을 유도하기 위해 전사적으로 공모를 했는데, 그 결과 빠르게 변화하는 IT업계의 환경 변화와 시대의 흐름인 녹색 성장 사업에 창의성을 살려 미래를 추구하자는 취지의 'Creating Green ICT Future'를 비전으로 선포했다.

다음으로 많은 기업 통합 사례에서 볼 수 있듯이 시스템 구축에 이어 조직 문화로 가는 데 5년 전후의 시간이 소요됨을 인식했지만, 보통 CEO의 재임 기간이 3년 정도임을 고려하여 서두르지 않고 3개년 추진 전략을 구상했다. 한 해 한 해 지나면서 직원들이 의미를 새기며 쉽게 일상에서 이야기할 수 있는 용어, 즉 통합 첫 해인 2010년은 ICT 출범과 기반 조성의 '합合'의 해로, 2년째인 2011년은 체질 개선과 역량 강화의 '강强'의 해로, 3년째인 2012년은 기업 통합(PMI) 완성의 '성成'의 해로 스태프와 함께 작명했다.

전 GE 회장인 잭 웰치John Frances Welch Jr는 "열 번을 이야기하지

않는 것은 하지 않는 것과 같다"고 했다. 즉 CEO라고 해서 동시에 많은 일을 강조할 수 없지만, 기업 문화를 만들기 위해서는 중요한 일을 우선하여 반복적으로 언급해야 한다. 그래서 '합合'의 해에는 소통과 토론을 통한 신뢰 구축을, '강強'의 해에는 긍정성 향상을 통한 주인의식을, '성成'의 해에는 치열함을 배양하여 성과 도출을 이루어내는 것을 집중 업무로 하는 큰 그림을 그렸다.

그리고 직원들에게는 가시적인 중기 목표 '포스코ICT 2012', 즉 두 개의 회사가 통합된 하나의 회사가 일류 회사로 변모하여 2012년에는 영업 이익 두 배를 달성하자는 의미로 '2012'라는 숫자를 부여했다.

J-Curve의 조기 극복을 위해서는 이러한 일련의 계획과 구상을 공감하고 공유하여 할 수 있다는 긍정성이 바탕이 되어야 하므로 취임 한 달 시점인 4월 1일 비전 선포 및 중기 계획 발표와 함께 행복나눔125운동도 동시에 추진할 것을 선포했다.

비전 선언을 마친 뒤 전 2010년 화합의 해에 반드시 합合을 이루어낸다는 상징적인 의미로 '대형 비빔밥 만들기' 퍼포먼스를 펼쳤다. 참석자 대표로 나를 포함 몇몇 분들이 기다란 주걱으로 밥과 나물을 비비는 동안 그 모습을 보는 직원들은 마음을 다잡는 것 같았다. 반드시 무언가를 일구어내겠다는 결연한 의지가 얼굴에 고스란히 묻어나고 있었다.

반드시 합심을 이루겠다는 의미로 '대형 비빔밥 만들기' 퍼포먼스를 하고 있는 모습

밝은 분위기가 이어지자 직원들에게 손욱 회장을 소개했고, 그는 행복나눔125에 대한 특강을 시작했다. 이는 기업 통합 3개년 계획에 있는 긍정성 향상을 위해 행한 것이었는데, 강연 내내 직원들이 처음 접하는 행복나눔125에 대해 귀 기울여 듣기를 간절히 바랐다. 변화하는 조직에서 무엇보다 필요한 것은 긍정성 향상인데, 행복나눔125의 감사하기처럼 긍정성 향상에 가장 탁월한 툴은 없다고 생각했기 때문이었다.

약속은 지키는 것이 아름답지만, 통념은 때로는 과감히 깨야 빛

행복한 리더가
행복한 일터를 만든다

이 난다. 이제 비전 선포와 중기 목표를 통해 방향이 설정되었고, 행복나눔125운동 전개로 기존과 다른 생각을 가지고 기업 운영을 하겠다는 것도 전사적으로 알려졌다. 이제 남은 것은 단 하나, 약속을 지키고 통념을 깬 계획을 완성하는 길밖에 없었다.

만나고 또 만나고,
이야기를 나누고
또 나누고

포스콘과 포스데이타는 물과 기름 같은 회사였다. 업무 시스템이 달라도 너무 달랐기에 여간 고민하지 않고서는 성과를 높이기 위한 시스템을 만들기가 힘들었다. 고심 끝에 나는 서로가 서로를 알아가는 시간을 갖는 게 급선무라고 판단했다. 내가 직원들을 알고 직원들이 나를 알고, 포스콘이 포스데이타를 알고 포스데이타가 포스콘을 아는 소통과 토론 문화를 정착시켜나가기로 했다.

먼저 가장 큰 비중을 둔 대상은 임원 포함 직책 보임자들이었다. 이들이 서로가 하는 일을 이해하지 못하고 있으면 그 여파는 자못 심각할 것 같았다. 첫 번째 단추가 잘못 꿰어지면 그 다음 단추는 줄줄이 잘못 꿰어지는 현상이 발생하기 때문이다. 따라서 회

행복한 리더가
행복한 일터를 만든다

사의 주요 사항을 결정하는 이들부터 서로의 일을 확실히 알아야 한다는 것은 통합 회사를 성장시키는 데 있어서 핵심 사안이었다. 즉 성과를 올리기 위해서는 현장 엔지니어는 IT 산업을 이해해야 하고, IT 종사자는 엔지니어링을 이해해야 한다. 그것도 아주 심도 있는 이해를 말이다.

이를 위해 나는 매주 토요일마다 광양, 포항에 있는 직책 보임자들을 서울로 부르거나 때로는 그곳으로 내려가 함께 모여 서로에 대해 학습하는 시간을 가졌다. 학습이 끝나면 새로운 회사를 어떻게 만들어나갈지에 대해 집중 토론의 시간을 가졌다. 토요일마다 토론을 한다고 해서 '토마토'라고 이름이 붙여진 이 모임에 대해 처음에는 불만을 가지고 있는 사람들도 있었지만, 몇 달에 걸쳐 모임이 진행되는 동안 회사의 비전과 전략, 각종 시스템과 프로세스에 대한 공감대를 형성하면서 새로운 회사의 미래 모습을 어느 정도 한 방향으로 바라보게 되었다.

주5일 근무 시대에 토요일 아침 9시부터 오후 5시까지 회사에 나와 회사 일로 토론을 한다는 것이 쉽지 않았을 것이다. 하지만 서로에 대한 이해도를 높이면서 서로를 알아가니 회사의 미래에 대한 그림의 윤곽이 그려졌고, 이는 새로운 힘을 얻는 데 큰 기여를 했다.

리더들과 토마토를 진행하는 한편, 평일에는 수시로 직원들과 간담회를 개최했다. 수십 차례의 직원 간담회가 진행되는 동안 서로를 위하고 공감대를 형성하기보다는 오르지 않는 임금, 포스코의 다른 계열사에 비해 미흡한 복리 제도 등에 대한 개선을 주로 언급했다. 현실적으로 당장 들어줄 수 없는 것들이라 어떻게 해야 할지 고민을 했다.

나는 그들이 새로운 회사에 대해 새로운 의미를 부여하고 거기에 바탕을 두어 새롭게 할 일을 스스로 찾아내 빨리 성과를 올릴 수 있는 방법을 제안했는데, 그것은 나의 바람일 뿐 현실은 마음먹은 대로 흘러가지 않았다. 그래서 나는 직원들 스스로 새로운 회사를 만들기 위한 워크숍을 하도록 했고, 거기서 나온 의견들을 리스트로 작성해달라고 했다.

직원들 스스로 신뢰구축을 위한 워크숍, 즉 트러스트 빌딩Trust Building은 그렇게 시작되었는데 먼저 나는 트러스트 빌딩 효과를 높이기 위해 서로 다르게 살아온 두 회사의 조직 구성원들을 한데로 묶었다. 지역, 조직, 직급을 떠나 100명 단위로 묶어 1박 2일 일정으로 열린 토론을 하도록 했고, 소통의 폭을 넓히고 서로에 대한 이해도를 높이기 위해 임원 및 직책 보임자가 각 팀에 한두 명 이상은 꼭 함께하도록 했다.

당신이 CEO라면 어떻게 하겠는가?

20여 회에 걸쳐 트러스트 빌딩이 진행되는 동안 직원들이 가지고 있던 불평불만 가운데 많은 부분이 해소되었다. 불평불만이라고 여겼던 것들이 서로 토론하는 과정을 통해 자연스럽게 사라졌던 것이다. 트러스트 빌딩이 계속 열리면서 이들은 회사의 실정을 제대로 알게 되었고, 자신들이 가지고 있던 오해들을 버리기 시작했다. 이는 개선 사항이 해결돼서 오해가 바로잡힌 것이 아니라 그들이 회사의 현안을 잘못 알고 있었다는 것을 스스로 깨달았기 때문이다.

나는 남은 개선 사항도 해결하고 싶었고, 그 방법으로 전 사원이 동시에 문제를 논의하는 자리를 마련했다. 서울에서 열리는 공개 토론을 실시간으로 광양, 포항까지 영상으로 연결해 전 사원이 공유토록 했다. 그래도 해결되지 않은 미진한 부분은 5회에 걸친 공개 토론을 거쳐 조치를 취했다.

특히 직원들의 프라이드와 관계되는 것들, 포스코 직원들은 회사 차원에서 스마트폰을 지급했는데 정작 이를 활용해야 하는 회사 직원들은 그렇지 못해 전 직원들에게 당시까지만 해도 보급이 많이 되지 않았던 스마트폰을 지급하기로 했다. 이처럼 나는 개선 사항에 대해서는 5회에 걸쳐 공개 토론을 통해 어떤 식이든 팔로우 업을 해줬다.

직원들의 모든 개선 사항들은 솔직히 드러내놓고 소통했다. 임금 상승이나 복리 후생 개선에 대해서는 "이 문제는 나도 참 어렵습니다. 당신이 CEO라면 어떻게 하겠습니까?"라며 주인 된 관점에서 회사를 바라볼 것을 주문했고, 정략결혼은 했지만 궁합은 정말 좋다고 하면서 "여러분이 원하는 회사를 함께 만들어가도록 합시다"라고 마무리했다. 직원들은 내 말을 대부분 수용했고, 이제 자신들이 무엇을 해야 하는지 그 의지를 다지고 있었다.

토요일마다 토론을 하는 '토마토'와 신뢰를 쌓기 위한 프로그램인 '트러스트 빌딩'을 계속하면서 전 사원은 변화하기 시작했다. 하나로 합해진 회사의 시스템에 대한 이해도가 높아졌고, 이를 통해 자신들의 회사가 앞으로 어떻게 나아가야 하는지도 구체적으로 인식하기 시작했다. 새로운 회사에 대한 소속감과 일체감이 조성되고 있었다.

나는 직원들이 회사에 대한 이해를 넘어 자신들이 어떻게 해야만 더 나은 회사를 만들 것인지, 그 내용에 대해 공감하고 공유하는 시간이 있으면 좋겠다고 생각했다. 그래서 직원들에게 "일주일이 끝나가는 금요일 오후에 그동안 업무로 고생했으니 어디 물 좋고 공기 좋은 데 가서 긴장을 풀고 여유롭게 삼겹살에 소주라도 마시면서 자신들이 하는 일에 대해 이야기를 해보았으면 합니다"

트러스트 빌딩과 와글와글 토론회는 어떤 일이든지 할 수 있다는
자신감과 신뢰를 심어주는 계기가 되었다.

라고 말했다. 즉 그동안 회사 문제를 많이 알았으니 이제는 자신
이 무엇을 해야 할지, 어떻게 해야 할지, 그 부분에 대해 집중적으
로 토론하기를 바랐다.

직원들은 또 토론을 하라고 하니 고개를 갸우뚱했다. 하지만 막
상 오후 업무를 접고 함께 모여 이야기를 나누다 보니 의외로 자
기 하는 일에 대해서 이슈들이 끊임없이 나왔고 이를 어떻게 업무
성과로 이어갈지 진지한 토론이 밤늦게까지 이어졌다.

직원들은 이런 모임의 중요성을 간파하고 이를 분기별로 정례
화시켰다. 조직 단위별로 모두 모여 왁자하게 와글와글 자유롭게
토론한다고 해서 일명 '와글와글 토론회'라고 붙여진 이 모임에서
전 직원들은 서로의 벽을 허물고 조직의 이슈를 과제화시켰다.

와글와글 토론회가 내실 있게 꾸려지고 있는 것을 본 나는 1년
에 두 번에 걸쳐 전 직원들을 상대로 직접 프레젠테이션을 실시

했다. 회사의 모든 경영 실적과 계획을 투명하게 발표하는 설명회 자리였다. 그 자리는 '지금 회사가 어디에 와 있고', '다음 단계에는 무엇에 집중을 해야 하는지'에 대해 전 사원이 CEO와 공개적으로 집중 토론하고 공감하는 소통의 자리였다.

CEO가 모든 것을 소상히 밝히고 소통을 시도하는 과정에서 직원들은 CEO의 진정성을 보았고, CEO와 함께 간다면 어떤 일이든지 할 수 있다는 자신감과 신뢰를 심어주는 계기가 되었다.

행복한 리더가
행복한 일터를 만든다

2

왜 기업에서
감사나눔을 도입했는가?

운명처럼
내게 건네진
감사노트

2006년 광양제철소 소장으로 부임한 뒤였다. 엔지니어 출신으로 경영에 부족함을 채우기 위해 우선 평소 잘 읽지 않던 경영 서적을 가까이했다.

그때 혁신을 통해 위기에서 벗어나 초일류 기업으로 올라선 삼성SDI의 구체적인 사례가 적힌 《변화의 중심에 서라》는 책이 눈에 확 띄었다. 광양제철소의 성장과 발전을 위해 매일 혁신에 대해 고민을 하던 시기였기 때문이었다. 책을 다 읽은 뒤 일면식은 없지만 이전부터 그 책의 저자를 흠모하고 있던 터라 그를 광양제철소로 초청했다. 그러고는 그의 강연을 모든 직원들과 함께 들었다. 결과는 흡족했다. 그는 샐러리맨의 신화와 같은 존재인 손욱 회장이었다.

그 뒤 나는 혁신의 구루라 일컫는 손욱 회장을 멘토로 모시며 자문을 구했다. 그는 6개월 단위로 광양제철소의 경영 혁신에 대한 진단과 조언을 해줬다. 나는 그의 말을 늘 경청하며 이를 현장에 적용하곤 했다. 광양제철소는 지속적인 성장을 했고, 그 과정은 나의 첫 저서인 《강한 현장이 강한 기업을 만든다》에 잘 나와 있다.

2010년 초, 멘토 역할을 충실히 해주시는 손욱 회장이 내게 녹색 표지의 감사노트 한 권을 주시며 감사거리를 적으면 놀라운 변화가 있을 거라고 말했다. 멘토의 진심 어린 권유라 거부감 없이 감사노트를 받았고, 한번 써보겠노라고 대답했다.

감사노트를 들고 집에 돌아온 뒤 잠자기 전 감사노트를 펼쳤다. 막막했다. 무얼 어떻게 적어야 한다는 말인가? 고심 끝에 며칠 동안은 일단 떠오르는 대로 적었다. 그러다 보니 하루에도 수없이 만나는 많은 분들에 대해 감사한 점을 정리해보자는 아이디어가 떠올랐고, 막상 적어보니 쉽게 적을 수 있었다.

삼주일 정도 지나면서 묘한 감정을 느꼈다. 업무적이건 사적이건 내가 만난 사람들이 전과 다르게 보였다. 더 자세히 보게 되고 더 깊게 보게 되고 더 친근감 있게 보게 되었다. 새로운 발견에 대한 기쁨을 느끼게 되자 감사쓰기를 멈추지 않았고, 이후 감사쓰기는 내 일상이 되었다.

행복한 리더가
행복한 일터를 만든다

늦게나마 알게된 감사쓰기를 계속하면서 내면의 힘이 강해지는 것을 느꼈다. 나를 들여다보면서 내 몸과 정신과 마음을 전보다 더 사랑해야겠다는 생각이 들었다. 선입견을 버리고 사람과 사물을 있는 그대로 볼 줄도 알게 되었다. 그러다 보니 타인에 대해 너그러움과 관대함이 생기고, 포용력이 길러진다는 것도 깨닫게 되었다. 덩달아 나의 자존감도 높아간다는 것을 느꼈다. 마지막으로 감사쓰기는 어떤 난관이 닥쳐와도 거기에 굴하지 않고 그것을 헤쳐나가겠다는 긍정의 마음을 높여주는 힘이 있다는 믿음이 생겼다.

나의 삶에서 이처럼 놀라운 경험은 처음이었다. 새로운 세계에 다시 태어난 것 같았다. 멘토의 권유라 예의를 지키는 차원에서 시작했는데, 그것이 내 삶을 확 바꾸어놓았고, 주변도 바꾸어놓게 될 줄은 상상도 하지 못했다. 아마 감사가 내게는 거부하기 힘든 운명이었던 것 같다.

과학으로 입증되는 감사의 힘

2007년에 출간되어 지금까지 230쇄를 거듭 찍은 론다 번Rhonda Byrne의 《시크릿The Secret》이라는 대형 베스트셀러가 있다. 이 책은 '끌어당김의 법칙'에 입각해 부와 성공의 비밀에 대해 이야기하고 있다.

'생각에는 끌어당기는 힘과 주파수가 있다'는 이 책의 메시지는 우리 주위에서 흔히 관찰할 수 있다. '왜 내게는 안 좋은 일만 생기느냐'며 부정적인 생각만 하고 있으면 자신도 모르게 부정적인 진동이 발산되어 계속해서 부정적인 일만 생기게 된다. "말이 씨가 된다"는 속담은 이를 두고 하는 말이다. 실제로 부정적인 말을 많이 하면 부정적인 사람이 될 확률이 높다는 연구 결과도 있다.

'끌어당김의 법칙'은 감사에 더욱 효과적으로 적용된다. thank(감사)라는 말은 think(생각)와 같은 어원에서 파생되었으며 감사는 생각에 정서적 반응이 추가되기 때문에 생각보다는 더욱 강력하기 때문이다.

감사는 나와 내 주변 사람들의 생각과 행동을 변화시킬 수 있는 파동wave이며, 힘power이며, 에너지energy이다. 감사라는 최고의 좋은 감정을 내 안에 가득 채운 뒤 주변에 전파하면 감사의 힘을 받아 주위에서도 좋은 변화가 일어난다. 조직의 리더가 웃으면 그 사무실은 하루 종일 웃음이 가득한 것처럼 말이다.

그렇다면 감사라는 파동이 어떻게 주위를 변화시킬 수 있을까? 최근에 사람들의 관심을 모으고 있는 양자물리학을 통해 이해하면 빠르다. 양자물리학자들에 의해 현재까지 알려진 바에 의하면 물질은 소립자particle와 파동wave의 측면을 동시에 가지고 있다. 특정 대상에 감사라는 파동을 꾸준히 발산하게 되면 그것이 특정 대상의 소립자를 변화시킬 수 있다. 만일 감사를 발산하지 않고 증오를 발산하면 그것 역시 특정 대상의 소립자를 변화시킬 수 있다. 그런데 감사와 달리 증오는 증오하는 대상뿐만이 아니라 증오하는 자신도 나빠진다는 것을 명심해야 한다. 부정적인 생각을 하는 과정에서 자기 안에 독이 쌓이는 것은 물론 상대방에게 내뿜은 증오가 부메랑이 되어 나 자신에게 돌아오기 때문이다.

감사나 증오 같은 감정의 파동이 입자를 어떻게 변화시키는지 그 과정을 실험을 통해 직접 눈으로 확인하길 바란다. 깨끗한 유리병 3개를 준비한 다음 첫 번째는 '감사합니다', 두 번째는 '짜증나', 세 번째는 '무관심'이라는 글자를 종이에 써서 붙여놓는다. 그러고는 3개의 유리병에 밥을 넣어 놓고 매일 한 번 혹은 그 이상 유리병에 써 있는 대로 말을 해본다. 이때 무관심 병을 보고는 말 그대로 아무런 말을 하지 않아도 된다.

적어도 한 달 뒤에는 3개의 병에서 전혀 다른 모습이 나타난다. '감사합니다'라는 말을 들은 밥에서는 잘 발효된 누룩 향내가 났고, '짜증나'라는 말을 들은 밥에서는 악취가 나는 곰팡이가 가득 피어 있고, '무관심'이라는 말을 들은 밥은 짓물러 썩은 물이 되어 있다.

누구보다 밥 실험을 다양하게 하고 있는 제갈정웅 전 대림대 총장은 무려 7개국의 언어로 밥 실험을 했다고 한다. 영어(Thank), 일

일본어(ありがとうございます), 중국어(谢谢), 독일어(danken) 등의 '감사의 말'과 '짜증나'라는 말을 유리병에 붙여놓고 실험했는데, 결과는 우리말도 실험했을 때와 같았다고 한다. 언어만 다를 뿐 감사 에너지의 본 모습은 하나임이 증명된 것이다.

밥 실험을 하고 난 후의 결과. '감사합니다'라는 말을 들은 밥에서는 누룩 향내가 났고 '무관심'이라는 말을 들은 밥은 짓물러 썩은 물이 되었다.

그렇다면 내가 발산하는 감사는 어떻게 해서 보기에 좋은 모습, 그리고 긍정적인 감정을 만들어내는 것일까? 감사를 실천하는 순간과 그렇지 않은 순간의 뇌 혈류량이 다르다. 감사로 긍정적인 생각을 하면 뇌 혈류량이 왕성해지고, 부정적인 생각을 하면 뇌 혈류량이 줄어들어 심할 경우 뇌졸중의 원인이 된다. 그래서 감사를 실천하면 긍정적인 호르몬인 엔도르핀이 분비되고, 면역력이 증가되고, 혈액 순환이 좋아지고, 혈압이 내려가고, 마음이 매우 안정적인 심리 상태가 된다. 즉 우리 안에 있는 수많은 감정 가운데 감사라는 감정 자체가 본래 좋은 면과 긍정성을 가지고 있다는 것이다.

행복한 리더가
행복한 일터를 만든다

감사는 표현해야 빛이 난다

이처럼 과학으로도 입증되고 있는 감사를 말로 하거나 글로 써서 표현하는 사람들이 늘어나고 있다. 물 건너온 서구 문화가 우리 몸에 면면이 이어온 감사 유전자를 흔들어 깨웠기 때문이다. 하지만 여전히 감사 표현에 불편함을 느끼는 사람들이 많다. 특히 고위직에 종사하는 남자 분들이다. 아이에게 '고마워'라는 말을 자주하면 이 아이의 성격이 서서히 적극적으로 변화한다는 광고까지 등장한 세상이지만, 한국 문화의 정서상 이들은 감정은 있지만 여전히 표현에는 서툴다.

2013년 한때 《맹자》에 나오는 '무항산무항심無恒産無恒心(생활이 안정되지 않으면 바른 마음을 견지하기 어렵다)'이란 말이 사람들 입에 오르락내리락 한 적이 있다. 대법관과 중앙선거관리위원장을 지낸 김능환 씨가 공직에서 물러나 편의점에서 일을 하다가 로펌으로 옮기면서 내세운 명분인데, 언론을 통해 알려지고 많은 사람들이 공감을 하면서 관심을 받았다.

그가 일한 편의점은 그의 아내가 가족의 생계를 위해 남편의 퇴직금을 가지고 마련한 곳이었다. 대법관까지 지냈기 때문에 변호사 타이틀을 달기만 해도 전관예우 등으로 상당한 수입을 올릴 수 있었지만, 그는 동네 자그마한 공간에서 소소한 물건을 팔며 지냈다.

잔잔한 감동과 화제를 뿌리며 6개월을 지내던 어느 날 그는 불경기와 편의점 일의 어려움을 들어 로펌으로 향했다. 변호사를 새로운 직업으로 선택할 수밖에 없는 이유를 '무항산무항심'으로 대신했는데, 고위직에 있었던 사람치고는 그 내용이 너무 솔직담백하고 사람 냄새가 풀풀 났다.

부끄러움 없이 솔직한 감정을 드러내는 그에게도 차마 표현하기 힘든 부분이 있었다. 그가 대법관을 퇴임했을 때, 그의 아내가 '그동안 수고했다'는 취지로 장문의 문자 메시지를 보냈다. 감동의 문자에 제대로 답변을 하고 싶었지만, 마음만 그럴 뿐 그의 휴대전화에는 'ㄱㅁㅇㅇ'라는 글자만 입력되었다. 그것을 받아본 그의 아내는 한참 고민하다가 '가만있어'라는 게 무슨 뜻이냐고 물었다. 그 말에 그는 자신이 보낸 문자는 '고마워요'의 앞 글자를 딴 것이라고 밝혔다.

감사로 행복해진 나의 가족들

사실 나도 경상도 남자, 엔지니어, CEO 직책 그리고 60대에 접어든 나이를 보아 모든 성장 환경이 감사를 나누는 이미지와는 거리가 있었다. 하지만 내가 감사로 행복해지고 나니 이제는 나를 통해 감사로 행복해진 가족들의 사례를 소개할 수 있을 정도가 되었다.

감사를 잘하려면 우선 가족을 상대로 하는 것이 좋다. 감정의 변화를 가장 빨리 느낄 수 있기 때문이다. 또한 감사로 가정이 화목해지면 직장 일도 안정적으로 해낼 수 있어 일석이조의 효과가 있다.

감사를 알기 전인 포스코 제선부장 시절 사내에서 '출근 전 아내와 포옹하기' 캠페인을 전개한 적이 있었는데, 이는 20년이 지난 지금도 좋은 습관으로 자리 잡고 있다. 이 캠페인을 했던 이유는 용광로에서 쇳물이 부글부글 끓어대는 제철소는 첫째도 안전, 둘째도 안전인데, 안전을 잘 지키려면 직원들의 마음이 안정되어 있어야 했다. 그 시작은 바로 가정이라고 생각했다. 출근을 위해 집을 나서기 전 아내와의 따듯한 포옹은 직원들의 마음을 편안하게 해주어 회사 일에 집중하므로 안전사고 예방에 큰 기여를 했다.

감사나눔을 회사에 도입한 이유도 당시의 생각과 비슷했다. 집안이 화목해야 모든 일이 잘 이루어진다는 가화만사성家和萬事成의 문구처럼 가정의 화목은 무엇보다 중요했고 '아내와 포옹하기'와 아울러 가화의 핵심인 감사가 가정과 회사에 행복을 가져다줄 것이라고 생각했다.

감사하기로 내가 변하면서 집안에 시나브로 자리 잡은 감사는 가족에게도 큰 변화를 가져다줬다. 미국으로 유학을 떠난 아들이

2년 전에 한국 집에 잠시 들른 적이 있었다. 박사 과정을 밟고 있던 아들은 뜻밖에도 논문 주제로 지도 교수와 갈등하고 있다고 털어놓았고, 그로 인해 유학 생활이 힘들다고 했다.

그때 나는 아들에게 "정 힘들면 박사 학위를 수료만 하고 귀국해도 좋다. 현재 네가 그 상황에서 무척 힘들지만 교수를 바꿀 수는 없지 않느냐? 네가 변화해야 상황이 해결될 것 같은데 이번 일이 너 자신을 성찰해보는 계기가 되었으면 좋겠다"라고 말해줬다. 아들은 말을 못하고 심각한 표정을 지었다. 그래서 나는 진심 어린 어조로 "내가 요즘 감사쓰기를 하는데, 너도 한 번 교수에게 매일 5감사를 쓰면서 교수에 대한 생각을 바꾸도록 노력해보라"고 말했다.

잠시 고민하던 아들은 내 말을 따르겠다고 약속을 하고 미국으로 들어간 뒤 매일 교수를 생각하며 5감사쓰기를 실천했다. 감사쓰기가 이어지자 교수에 대한 관점이 바뀌면서 그의 장점을 보게 되었고, 좋은 점을 자꾸 들여다보니 까다롭기만 하던 교수와 친근감이 느껴지면서 교수와 인간적으로 가까워졌다.

3개월이 지나자 교수도 마음의 문을 열었다. 교수와의 관계가 좋아지자 아들은 여기에 그치지 않고 교수의 협조를 받아 박사 학위논문 주제를 바꿔서 처음부터 다시 준비했고, 집중력을 발휘하여 빠른 시간에 박사 학위를 받았다.

너무도 기쁜 마음에 아들에게 전화를 걸어 비결을 물으니 "아버지, 이것이 감사쓰기를 꾸준히 한 감사의 힘입니다"라고 답했다. 그래서 나도 "나는 뒤늦게 감사를 알았는데 너는 젊은 나이에 알았으니 앞으로 크게 발전할 것이다"라고 덕담을 해줬다.

나의 감사쓰기는 경청과 배려심을 길러줬고, 이는 딸과의 관계에서도 좋은 사례를 남겼다. 공대 2학년을 마친 딸은 아무리 생각해도 전공이 자신의 적성에 맞지 않는다며 한의대 시험을 보겠다고 했다. 그 말을 들은 우리 부부는 재수 과정의 고단함을 알고 있었지만, 스스로 결정한 딸의 선택을 대견해하며 결과에 연연해하지 말고 후회가 없도록 해보라고 격려하며 힘들어할 때는 석촌호수를 함께 산책하며 딸의 애로를 듣고 말 친구가 되어줬다. 그러면서 진정 본인이 하고 싶은 일이 무엇인지, 지금 하고 있는 재수가 본인의 인생에 어떤 의미가 있는지를 물어보며 자존감을 키워줬다. 하반기에 들면서 딸은 놀라운 집중력을 발휘했고 그 결과 원하던 대학에 들어가게 되었다.

"행복은 강도가 아니라 빈도이다"라고 한다. 즉 잦은 행복감이 큰 행복감보다 중요하다는 것이다. 잦은 행복감을 느끼기 위해서는 "범사에 감사하라"는 말처럼 매순간 감사의 표현을 해야 한다. 이를 위해 어떻게 하면 감사를 생활화할 수 있을까에 대한 지혜가 필요하다.

우리 가족 간에도 이러한 감사 생활을 스며들게 하고 싶었다. 우리 부부는 유학을 마치고 국내에 들어온 아들 부부를 감사 부부로 만들 아이디어가 없을까 궁리했다. 감사의 힘이 얼마나 대단한지 체험한 우리 부부는 먼저 우리가 아들 내외에 관심을 가지고 주기적으로 주 1~2회 마음에 와 닿는 감사거리를 찾아서 표현하고 문자로 전달하다 보니 감사가 전염이 되는지 아들이 먼저 며느리에게 감사쓰기를 시작하면서 아내를 존중하고 더욱 사랑하는 가장으로 서서히 자리 잡아가고 있었다.

그런 시점에 아들 내외와 마주한 우리 부부는 결혼하자마자 미국에 가 자주 보지 못했는데, 자주 집에 와 식사하며 감사 부부로 살아가는 너희들 모습을 보고 싶다고 언급했다. 우리 부부의 정성에 부응하듯 아들 내외는 만날 때마다 일상에서 그리고 부부간에 서로 감사거리를 찾았고, 사소하지만 작은 일에도 감사를 느끼고 즐겁게 이야기해줬다. 그러면 우리가 느끼는 일상에서의 감사를 이야기하면서 화기애애한 가족 분위기를 만들 수 있었다.

또한 가족들의 생일이나 기타 기념일에는 선물을 주며 축하하는 것도 의미 있지만 그것보다 마음에 있는 감사의 표현을 예쁜 편지지에 적어 공유하는 자리야말로 진정 의미를 새길 수 있는 최고의 축하임을 알게 되었고, 이러한 좋은 습관이 자리 잡아가고 있어 가장으로서 감사할 따름이다.

나는 장모에 이어 장인어른이 돌아가시고 1년이 지난 2013년 처갓집의 맏사위로서 무엇인가 화목을 다지기 위해 김천에서 처가 식구들과 함께 가족 친선 모임을 가졌다. 그 자리에서 감사나눔이 무엇인지 설명을 해주고, 가족 전체가 100감사쓰기에 참여하여 공유하며 감사의 힘을 알게 하였다. 당시 큰 감동을 받고 변화된 처남은 내게 편지를 보내줬다.

아들과의 사이에 안개처럼 희미한 아쉬움과 불만을 100감사를 통해 걷어내었습니다. 아들을 내 관점과 나의 기준에서 보던 것을 아들의 관점으로 바꾸었고, 기다리고, 도와줄 것을 찾게 되었지요. 아내에게 대한 생각도 180도 바꾸었습니다. 이번 모임 전과 후는 완전히 다른 삶이 되었습니다.
행복나눔125운동 가운데 5감사쓰기는 마법임을 알게 되었습니다. 이런 마법을 알려주시고, 변화하게 해주셔서 감사합니다. 그래서 제가 근무하는 농협중앙회 경남지역본부를 농협의 행복나눔125운동의 전초기지로 만들고자 유지미 기자의 강연을 시작으로 2013년 5월 1일 경남 농협 행복나눔25운동 선포식을 하고 각종 이벤트를 했습니다. 운동이 일이 되어서는 지속성을 가져가기 어렵다고 생각하여 천천히 스며들도록 노력했습니다. 직원 중에는 가족 친선 모임을 실제로 한 직원도 있고, 각종 회의 시 감사편지 쓰기도 하여 가족들로부터 아버지가, 엄마가 변했다는 말을 많이 들었습니다. 업무와 연관하여서 다양한 사안에 적용해가고 있습니다.

감사를 말하고 감사를 글로 표현하는 마음의 훈련을 반복할수록 본인을 성찰하고 상대에게 관심을 가져주는 자신으로 바뀌어 가면서 좋아하는 시가 생겨났다. 김춘수 시인의 "꽃"이다.

꽃

내가 그의 이름을 불러주기 전에는
그는 다만
하나의 몸짓에 지나지 않았다

내가 그의 이름을 불러줬을 때
그는 나에게로 와서
꽃이 되었다

내가 그의 이름을 불러준 것처럼
나의 이 빛깔과 향기에 알맞은
누가 나의 이름을 불러다오

행복한 리더가
행복한 일터를 만든다

그에게로 가서 나도
그의 꽃이 되고 싶다

우리들은 모두
무엇이 되고 싶다

나는 너에게 너는 나에게
잊혀지지 않는 하나의 의미가 되고 싶다

많은 분들이 좋아하는 이 시를 통해 어떻게 하면 좋은 인간관계
와 의미 있는 삶을 살아갈지 음미해볼 가치가 있을 것이다.

어떻게 해야
감사를
잘할 수 있을까?

감사 실험에서 보았듯이 감사의 말을 하거나 말을 듣는 것은 세상을 썩지 않고 맑고 향기 나게 만드는 소중한 행동이다. 이처럼 중요하면서도 간단한 감사를 어떻게 하면 잘할 수 있을까?

감사感謝의 감感은 다 함咸 자와 마음 심心 자가 합쳐진 글이다. 이는 마음을 다한다란 의미, 즉 감사의 말을 전할 때는 건성으로 하지 말고 진정성을 가지고 하라는 것이다.

감사感謝의 사謝은 말씀 언言, 몸 신身, 마디 촌寸자로 이루어졌다. 이는 감사의 말을 전할 때 말과 몸을 구부려서 해야 한다는 것, 즉 철저히 겸손의 자세로 감사를 해야 한다는 의미이다.

순수한 우리말로 '고맙습니다'가 있다. '고마'는 '신神'이라는 뜻이고 '습니다'는 '같습니다'의 의미로 '고맙습니다'를 상대에게 말을 하면 '당신은 신과 같습니다'가 된다. 이 얼마나 상대를 존중하며 자신을 겸손하게 만드는 말인가?

이처럼 진정성과 겸손을 바탕으로 감사를 해야 감사의 가장 큰 미덕인 자기 성찰이 가능하다. 늘 자신의 마음을 반성하고 살필 줄 알게 되면 자신이 무엇을 잘했고, 무엇을 잘못했는지, 그래서 앞으로 어떻게 살아야 하는지 삶에 대한 의미 부여와 목표가 뚜렷해진다. 즉 자기 효능감이 높아지면서 자기 삶의 주인이 될 수 있는 것이다.

또한 자기 성찰은 인생을 풍요롭게 해준다. 내가 왜 사는지, 나는 어디서 왔다가 어디로 가는지, 삶에 어떤 의미가 있는지, 어떻게 살아가야 하는지, 근본적이고 철학적인 질문을 끊임없이 해야 자기애가 생긴다. 진정성과 겸손함을 바탕으로 하는 감사가 이러한 자기애를 만들어준다.

이처럼 진정성과 겸손의 자세로 감사를 하면 사람이든 사물이든 그 대상이 무척 소중한 존재로 다가온다. 그 대상이 내 삶에 큰 도움을 주고 있다는 것, 즉 우리는 관계 속에서 사는데 내가 살아갈 수 있는 주요 힘이 바로 상대에서 온다는 것을 깨달아가기 때문이다.

감사에 진정성과 겸손의 자세가 없으면 그 감사는 자기중심적인 감사, 자만에 빠진 감사가 되기 쉽다. 자만에 빠진 감사를 히면 착각의 늪에서 헤어 나오지 못한다. 분명 부정적인 생각과 행동을 하고 있는데 긍정적인 생각과 행동을 하고 있는 것으로 착각하게 된다. 자신의 상태와 수준을 정확히 알지 못하니 감사를 한다는 자신의 의지와 달리 주변 사람들에게 감사의 에너지가 전달되지 않는다. 감사는 자기중심에서 벗어나 상대방을 존중하는 마음을 가지고 해야 진정성이 우러나는 것이다. 내가 당신에게 감사했으니, 당신도 내게 감사를 해야 한다거나 나를 감사하게 여겨달라는 감사는 그릇된 감사다. 감사는 베푸는 것이 아니라 상대를 소중히 여기는 마음을 내 안에 쌓는 것이다. 그러면 상대에 대해 당연하게 생각했던 행동들이 특별한 존재로 변해 감사로 소중함과 깨달음을 얻게 되는 삶이 된다. 진정성과 겸손한 자세가 곧 감사를 잘하게 만드는 레시피이다.

잔잔한 호수 한가운데 돌을 던지면 물결이 동심원을 그리며 호수 전체로 퍼져나간다. 돌 하나에 호수의 모든 물이 영향을 받는다는 것이다. 감사도 이처럼 해야 한다. 집안에서는 가족의 가장이, 조직에서는 조직의 중심에 있는 리더가 먼저 시작해야 물결 효과를 일으키며 자연스레 모두가 참여하는 분위기를 만들 수 있다는 것이다.

여기서 말하는 조직은 가정, 기업, 지방자치단체, 학교, 군대 등을 일컫는다. 그렇다면 어느 조직에서 감사를 가장 잘할 수 있을까? 아무래도 기업이 유리하다. 기업은 생산이든 유통이든 수익과 성장이라는 단일 목표를 위해 끊임없이 움직여야 하는 구조를 가지고 있기 때문이다. 즉 기업의 최고 리더인 CEO를 중심으로 조직 구성원들이 조직적이고 체계적으로 움직이기 때문에 감사의 물결 효과가 잘 나타날 수 있다는 것이다. 따라서 리더가 진정성과 겸손함을 가지고 감사를 하게 되면, 기업의 조직 구성원은 '직장 상사의 등을 보고 배운다'는 말처럼 분위기에 젖어 감사를 하게 된다는 것이다.

감사는 신체적 습관이 아니라 정신적 습관이다. 따라서 혼자 의지를 갖고 감사를 지속적으로 한다는 것은 쉽지 않다. 규칙적으로 모이고 헤어지는 것이 가능한 조직에서는 이것이 가능하다. 정해진 시간에 모여 감사를 쓰고 나눌 공간이 있고, 이를 함께 즐겁게 공유할 사람들이 있으면 감사의 지속성은 가능하다.

이러한 조건을 모두 갖추고 있는 곳이 기업이기 때문에 기업이 감사를 가장 잘할 수 있다. 바람직한 것은 역시 리더가 진정성과 겸손함을 바탕으로 솔선수범하면 감사의 물결 효과가 구성원들에게 자연스럽게 전파하게 된다.

이러한 감사하기를 인식하고 실천한 곳이 포스코ICT이다. 감사가 개인은 물론 가족, 그리고 회사를 어떻게 변화시켰는지 사례 중심으로 이야기를 나누어보겠다.

행복한 리더가
행복한 일터를 만든다

엄청난 에너지가
투입된
감사의 휠

2010년 4월 포스코ICT에 행복나눔125를 선포한 뒤 감사의 휠 wheel을 어떻게 돌릴지 무척 고심했다. 자동차 바퀴는 시동을 걸고 액셀러레이터를 밟으면 곧바로 굴러간다. 자전거 바퀴는 사람이 올라가 페달을 힘차게 밟으면 역시 곧바로 굴러간다. 하지만 감사의 휠은 외부의 에너지를 주입해 단번에 작동하는 것이 아니라 사람의 마음을 변화시키는 에너지가 필요하기에 그리 간단한 것이 아니었다. 언제 어떤 변수가 나올지 예상하기 어렵다는 것이다.

또 하나 문제는 기업에서 감사나눔활동을 한 전례가 없어 모든 것을 새롭게 만들어내야 했다. 즉 감사의 휠을 돌려야 하는데, 그 방법을 몰랐다. 다만 첫 바퀴를 돌리려면 엄청난 사람들의 에너지가 필요하다는 것, 그 가운데 가장 많은 에너지를 쏟아야 할 사람은 CEO인 나라는 것, 그러면 언젠가 감사의 휠은 부드럽게 돌아갈 것이라는 믿음만은 가지고 있었다.

머리와 가슴처럼 가깝고도 먼 사이가 CEO와 임원의 관계이므로 임원들의 지지와 협조 없이는 어떠한 일도 효율적으로 추진힐 수 없다. 그래서 먼저 임원들에게 감사쓰기로 변한 나의 이야기를 하면서 감사쓰기를 함께하면 어떻겠느냐고 제안했다. 소극적인 임원도 있었지만, 1일 5감사쓰기를 실천하면서 자신의 변하는 모습에 놀라워하는 임원들도 생겨났다.

나는 이 모습을 놓치지 않고 그러한 변화를 다른 임원들과 공유하기도 하고 전사 경영회의에서 본부별 사례 발표 자리를 마련하기도 했다. 그러면서 차츰 감사쓰기를 부장들에게도 제안하기 시작했다. 부장들 역시 소극적인 사람도 있었지만, 나와 임원의 변화를 보고 감사쓰기에 적극적인 부장들도 나오기 시작했다.

감사의 휠이 서서히 굴러가는 것을 보고 나는 감사의 분위기를 더욱 적극적으로 조성하기로 했다. 그 방법의 하나로 행복나눔 125운동을 전개하고 있는 감사나눔신문과 임원들을 연계시켜줬다. 감사나눔신문은 그들을 만나 심층 취재했고, 감사를 통한 그들의 변화 과정을 기사화했고, 나는 그 신문을 사내와 전 직원의 가정에 배포했다. 신문에 자신의 얼굴과 기사를 보고 읽는 느낌은

행복한 리더가
행복한 일터를 만든다

어떤 것일까? 아마 자신의 말이 기사화되면서 무엇보다 책임감을 느꼈을 것이다.

이처럼 리더들이 감사쓰기를 솔선수범하기 시작하자 이에 관심을 보이는 직원들이 늘어나기 시작했다. 물론 사내에서 평소 못 보던 모습들이 진행된다는 정도의 인식에 머무는 직원들이 더 많았지만, 나는 개의치 않고 1일 5감사쓰기의 참여 분위기를 조성해 갔다.

이 무렵 마음의 벽을 허물고 소통을 이루기 위한 가장 빠른 툴은 감사라는 것을 확신하고 있었고, 따라서 전 직원이 거부감 없이 감사나눔을 받아들여 실천하기를 바라는 마음 또한 간절했다. 그러기 위해서는 한꺼번에 모든 것을 쏟아내는 것이 아니라 천천히 다가가는 전략으로 접근했다.

봄, 여름, 가을이 지나면서 임직원들은 감사의 힘을 알아가는 것 같았고, 나는 이를 놓치지 않고 감사에 대해 적극적인 직원들을 대상으로 손욱 회장을 모시고 행복나눔간담회를 11월에 개최했다. 이는 서울 사무소에만 국한되는 것이 아니라 광양, 포항 등의 사무소를 순회했는데, 자발적인 감사불씨들이 그들의 변화로 회사보다 가정의 변화를 자랑스럽게 이야기하는 것을 보고 좋아하시던 모습에 나 또한 고무되었다.

감사나눔 분위기가 차츰 무르익을 무렵 직원들에게 감사나눔에 대한 확신을 심어주기 위해 매달 교수, 목사, 신부, 스님, 작가 등 편향되지 않게 여러 분야에서 전문가들을 모셔다 감사 강연을 개최했다. 누군가 열심히 감사쓰기를 하는 것을 보고, 오며 가며 감사나눔신문을 들여다보고, 감사로 변화된 사람들의 모습을 보던 직원들은 감사에 대한 강연을 듣고는 감사의 힘에 대해 더 큰 관심을 보였다.

감사를 하면 관점이 전환된다

감사를 하다 보면 감사거리를 찾는 관심과 관찰이 긍정성으로 발전하고, 긍정성은 매 상황을 보는 관점을 전환하여 행복을 가져다준다는 것을 알 수 있다.

감사활동은 크게 5단계로 구분하여 이야기하고 있다. 1단계는 '만약 ~한다면If', '~해준다면' 감사다. '내가 로또에 당첨되면', '당신이 내게 선물을 주면', '내가 승진을 하면', '집을 사면' 등이다. 누가 시키지 않아도 저절로 나오는 본능적인 감사다. 2단계는 '~때문에Because of' 감사다. '자식이 일류 대학에 들어갔기 때문에', '암을 이겨냈기 때문에', '집값이 올랐기 때문에' '배우자를 만났기 때문에' 등이다. 이것 역시 좋은 일에만 감사하는 본능적인 감사다.

3단계는 '그럼에도 불구하고Inspite of' 감사다. '자녀가 대학에 떨어졌음에도 불구하고', '승진에 누락했음에도 불구하고', '회사에서 해고를 당했음에도 불구하고' 감사다. 감사하기를 지속적으로 해야만 도달할 수 있는 높은 수준의 감사다. 따라서 이 단계에 이르면 감사훈련이 잘 되어 있기 때문에 관점의 전환이 보다 잘 이루어진다.

회사에서 해고된 것이 어떻게 해서 감사한 일이 될 수 있냐고 반문하겠지만, 3단계에 이르면 해고를 계기로 자신에게 맞는 일이 과연 무엇인지, 진정 자신이 하고 싶은 일이 무엇인지를 진지하게 성찰하게 된다. 이러한 성찰을 통해 새로운 삶에 도전하게 되고, 그 도전은 언젠가 성공을 가져다줄 수 있다는 희망을 마음에 안겨준다. 이처럼 절망의 순간을 희망의 순간으로 바꿀 수 있는 감사활동 3단계의 본질은 관점의 전환을 쉽게 이룰 수 있도록 해준다는 것이다. 반복적으로 훈련된 감사활동이 이를 가능하게 만드는데, 조금만 주위를 살펴보면 해고라는 쓰라린 고통 뒤 새로운 분야에서 승승장구 성공한 모델을 찾을 수 있다.

감사활동의 4단계는 선행이다. 선행은 남을 배려하면서 남을 돕는 것이기도 하지만, 이는 결국 자기 효능감을 높이는 일이다. 선행을 하게 되면 자기 존중감이 높아지는데, 이는 상대방을 존중하

행복나눔125활동 도입

감사의 선순환 Cycle

감사활동 5단계 S실천

- 1단계(If)   만약 ~ 한다면, ~해준다면 감사
- 2단계(Because of)   ~ 때문에 감사
- 3단계(Inspite of)   그럼에도 불구하고 감사
                          ― 감사의 의식 수준이 올라가면 관점이 전환된다.
- 4단계(선행)   배려를 통한 자기 효능감
- 5단계(독서)   책을 읽고 지혜를 나누는 것
                          (감사 Energy의 충전)

감사활동의 실천 운동

행복한 리더가
행복한 일터를 만든다

는 마음이 높아지는 것으로 연결된다. 남에게 준 좋은 기분과 기운이 그에게서 좋은 기분과 기운이 되어 다시 나 자신에게 돌아오기 때문이다.

감사활동의 5단계는 독서다. 책을 많이 읽으면 생각이 깊어지고 넓어진다. 이때 혼자 책을 읽지 말고 함께 모여 독서 토론을 하게 되면 책에 담긴 내용을 더 풍부하게 이해할 수 있고, 독서 토론 자리에서 다른 사람들의 생각도 들을 수 있어서 생각하는 힘은 더욱더 커진다. 그렇게 되면 사람과 세상을 보는 지혜의 눈, 즉 혜안이 생긴다. 혜안이 생기면 세상은 온통 감사거리다. 모든 것이 관계 속에서 움직이는데 어느 것 하나 소중하지 않은 게 없다는 것을 깊게 깨닫게 된다.

5단계의 감사활동이 감사, 봉사, 독서로 이루어져 있으며, 구체적인 실천 운동이 행복나눔125로 매일 5감사를 쓰고, 한 달에 2권 독서를 하고 토론을 하며, 주 1회 선행, 즉 봉사를 하는 것이기에 직원들이 진정 행복하기를 기대하고 행복나눔125를 선포했고, 모든 휠 즉 바퀴가 그렇듯이 감사의 휠도 초기 구동이 힘들기 때문에 엄청난 감사의 에너지를 쏟아부었다. 하지만 취임 원년의 감사나눔활동은 미흡했다. 임원부터 솔선수범하면서 감사쓰기를 시작하였지만, 전사적으로 번지기에는 여러모로 어려움이 있었다.

하지만 나는 만족했다. 감사에 대해 관심을 갖기 시작했고, 감사쓰기를 하는 게 좋을 것 같다는 공감대가 서서히 형성되기 시작했고, 감사나눔을 올바로 할 줄 아는 임직원들이 늘어가고 있다는 사실에 기쁨을 감추지 못했다. '시작은 미약하나 끝은 창대하리라'는 말처럼 해가 바뀌면 감사나눔활동을 하는 임직원들이 늘어날 것이라 확신했다. 감사는 하면 할수록 그 힘에 놀라 자꾸만 빠져드는 마력이 있었기 때문이었다.

행복한 리더가
행복한 일터를 만든다

궁하니까
정말
통하더라

취임 원년, 후회 없는 한판 승부를 위해 질주한 한 해였다. 감사 쓰기로 나부터 변화를 시도하면서 통합 회사의 불안한 현실을 직시하기 위해 부단히 노력했고, 그 대안으로 기업 통합 3개년 추진 전략, 토론 문화 정착과 행복나눔125 분위기 조성에 최선을 다했다. 직원들 또한 차츰 시간이 흐르자 내 제안에 부응하면서 활기 띤 모습을 보여줬다.

그렇게 한 해가 지났는데, 결과는 의도와 무관하게 저조했다. 직원들의 애사심 고취와 주인의식 재고, 그걸 통해 자기 주도적인 업무에 몰두하기를 바랐는데, 2010년 성과 몰입도의 결과는 기대에 못 미쳤다.

물론 직원 전체의 문제는 아니었다. 2009년 43퍼센트라는 성과 몰입도에서 2010년 58퍼센트로의 상승은 진전이었고, 58퍼센트는 회사를 운영하는 데 있어서 그리 나쁜 숫자는 아니었다. 문제의 심각성을 보여주는 분야는 IT 분야 직원들의 성과 몰입도인 43퍼센트라는 숫자였다.

사실 IT 분야 직원들의 닫힌 마음의 문을 열기 위해 회사에서는 여러 가지 노력을 했다. 특히 유연 근무제를 도입하며 IT 직원들의 원활한 소통과 사기 진작을 위해 담당 임원인 이인봉 부사장이 헌신적으로 노력했는데도 결과는 예상 밖이었다. 직원들은 4년 여 동안 쌓인 마음의 상처를 쉽게 털어내지 못하고 있었다.

지난 1년을 다시 차분히 되돌아보았다. 사람의 마음을 헤아리고 그 마음을 얻으려는 생각만 있었지, 그들의 마음이 어떤 상태에 있었는지 정확히 공감하지 못했다. CEO의 관점에서 직원들을 보았지, 직원의 관점에서 진지하게 통합 회사를 바라보지 못했던 것이다.

엔지니어링 중심의 기업이었던 포스콘은 서로 협업하는 조직 분위기가 있었기 때문에 그것을 받아들이는 속도가 빨랐지만, 포스데이타는 여느 IT 기업처럼 개성이 뚜렷하고 개인주의적인 성향이 강한 직원들로 구성되어 있어서 그런지 바뀐 현실을 가슴으로 받아들이지 못하고 있는 것 같았다. 다시 말해 이들에게는 시간이

행복한 리더가
행복한 일터를 만든다

더 필요한 것 같았다. 특히 포스데이타 직원들의 마음속에는 경영성과 부진에 대한 학습 효과가 생각보다 심했는데, 나는 그것을 올바로 인지해내지 못했다.

2010년 사내에서 시행한 변화의 물결이 그들의 피부에 와 닿지 않았다는 것을 알게 된 뒤 강한 위기의식을 느꼈다. 조선 건국의 실질적인 설계자 정도전은 "백성의 마음을 얻어라. 그러지 못한다면 백성이 군주를 버릴 것이다!"라는 말을 늘 강조했다고 한다. 나도 그의 말에 동감하며 직원들의 마음을 헤아리고 그들의 마음을 얻기 위해 그들이 느껴지는 노력부터 시작하였지만, 그들의 마음을 얻지 못했다. 다시 한 번 힘을 내어 그들과 한마음이 되도록 노력하는 것이 필요했다.

100감사쓰기로 희망을 열다

새로운 변화의 바람을 불어넣어야 했다. 이런 상황을 전환할 대안 마련이 절실해졌다. 이를 위해 매일 감사노트에 5감사쓰기를 하면서 통합 회사를 바라보는 관점을 다각도로 바꾸어갔고, 그 안에서 불쑥불쑥 떠오르는 생각을 가다듬어나갔다. 그렇게 대책 강구를 위해 몰입에 몰입을 하던 순간 섬광처럼 눈에 번쩍 뜨이는 것이 있었다. 감사나눔신문에 소개된 유지미 기자의 사례였다.

유지미 기자는 기자가 되기 전 어머니와 불화가 심한 평범한 직장인이었다. 감사나눔신문으로 자리를 옮긴 뒤 하루는 안남웅 목사의 100감사쓰기 체험담을 들었다. 감동을 받은 유기자는 인생의 전환점을 찾고자 100일 동안 100감사쓰기에 도전했다. 사실 5감사도 100일 동안 하루도 거르지 않고 쓰기란 여간 힘든 일이 아니다. 하지만 유기자는 변화를 위해 절박한 심정으로 감사노트에 빽빽이 100감사를 100일에 걸쳐 썼다.

100감사쓰기의 위력은 놀라웠다. 유기자가 긍정적인 사고의 소유자가 된 것은 물론 도저히 화해하기 어려울 것 같았던 어머니와의 관계가 진전되었다. 원망과 갈등의 관계에서 배려와 사랑의 관계로 바뀌었다. 그것은 유기자의 어머니 핸드폰에 저장된 유기자의 이름이 바뀐 것으로 증명되었다. 100감사쓰기를 하기 전 유기자의 어머니는 그녀를 "싸가지"로 불렀다. 하지만 100감사쓰기를 하면서 어머니를 대하는 유기자의 마음에 변화가 오자 어머니도 심적 변화를 일으켜 "퍼스트레이디"로 고쳐 불렀다. 이것이 바로 100감사쓰기의 힘이었다.

100감사쓰기는 안남웅 목사가 처음 시작했다. 2002년 미국에서 목회 활동을 하던 당시 안목사는 교인들의 마음을 얻기 위해 매일 기도를 하는데도 그들이 도리어 싫은 기색을 내비치는 것 같아 몹

행복한 리더가
행복한 일터를 만든다

시 억울해했다. 그러던 어느 날 기도를 하는데 "자동차를 타고 1시간이나 달려서 네 설교를 들으러 오는 성도들이 너는 고맙지 않느냐. 그들이 매주 꼬박꼬박 내는 헌금으로 네가 생활하는데 그들이 고맙지 않느냐……"라는 하나님의 음성을 들었다.

부끄러워 어찌할 바를 모르던 안목사는 교회에서 일명 '왕언니'로 불리는 성도에 대해 100감사를 쓰기 시작했다. 왕언니를 선택한 이유는 그녀가 안목사를 가장 싫어하는 것 같았기 때문이었다. 그녀에 대해 감사한 일을 하나하나 떠올리며 100감사를 완성한 안목사는 이른 새벽 자동차를 몰아 그녀의 집에 도착해 현관문에 100감사편지를 놓아두었다. 며칠 뒤 주일 예배를 위해 교회에 온 그녀는 안목사를 와락 껴안으며 100감사편지에 대해 거듭 감사의 말을 전했다. 보이지 않는 단단한 벽이 허물어지는 순간이었다.

이를 계기로 100감사의 위력을 알게 된 안 목사는 곰곰이 돌이켜보니 신도를 위한 기도가 사실은 자기중심적인 기도였고, 자만에 빠진 기도였다는 것도 알게 되었다. 그 뒤 안목사는 감사에 반드시 필요한 것은 상대방에 대한 진정성이라는 것을 깨달았고, 이후 100감사쓰기 운동 확산에 심혈을 기울였다.

궁즉통窮則通이라고 했던가? 도저히 헤어 나올 수 없을 것 같은 어려운 처지에 놓인다고 하더라도 간절함과 진정성을 가지면 해결책은 나오게 되어 있었다. 우리 사는 세상은 늘 좋은 일만 있으라는 법도 없고, 나쁜 일만 있으라는 법도 없다. 오르막길이 있으면 내리막길이 있고, 맑은 날이 있으면 흐린 날도 있는 것 아닌가?

문제는 궁한 처지에 몰렸을 때 그 순간을 위기로 생각하지 말고 더 나은 미래로 가기 위한 기회로 삼는 생각이 필요하다. 즉 어떤 상황이나 조건이든 그것을 어떤 관점에서 보느냐에 따라 위기는 기회가 될 수도 있고 그야말로 회생 불능한 위기로 계속 추락할 수도 있다.

나는 좀처럼 올라가지 않은 성과 몰입도를 보고는 처음에는 위기의식을 느꼈지만, 위기는 더 큰 폭의 개선 결과를 가져올 수 있는 기회의 순간이라고 다시 생각했다. 즉 관점의 전환을 통해 나는 부정의 상황을 긍정의 상황으로 보았고, 그 대안으로 전 직원들이 100감사쓰기에 도전하는 자리를 마련하기로 했다. 쉽지 않은 도전이지만 100감사쓰기가 전 직원들에게 많은 변화를 가져다줄 것 같았기 때문이었다.

궁즉통으로 나온 해결책을 제대로 달성하려면 정말 궁한 심정으로 최선을 다해야 한다. 전나무는 가장 혹독한 환경에서 가장 아름다운 꽃을 피운다고 한다. 위기를 기회로 삼고 그 위기를 성공으로 꽃피우기 위해서는 환경을 탓하지 말고 절실한 심정으로 집중해야 한다. 그것이 궁즉통의 진정한 실천이고, 나는 이를 100감사쓰기에서 찾았고 이를 반드시 실행하기로 했다.

새로운 공간이 준
새로운 변화

새로운 시도를 성공시키려면 2011년은 전년과 다른 분위기가 조성돼야 했다. 특히 궁즉통의 심정으로 마련한 대안인 만큼 성공 확률도 높아야 했다. 새로운 공간과 새로운 분위기가 이를 가능하게 할 것 같았다. 그것은 여행 분위기를 만들어주는 것이었다. 일상이 버거워 훌쩍 떠난 여행에서 삶의 활력소를 얻어오는 것처럼 특별한 장소에서의 100감사쓰기도 체험 여행 같은 효과를 가져다줄 것으로 확신했다.

사실 감사는 직접 써봐야만 그 진가를 느낄 수 있다. 보기에 좋은 음식도 직접 먹어봐야 그 맛을 알 수 있고, 멋진 풍광이 보이는 산도 직접 올라봐야 그 아름다움을 절감할 수 있듯이, 감사도 자신이 써봐야만 그 힘을 체험할 수 있다. 감사를 써보면 감정의 변화가 휘몰아쳐 때로는 전율로 때로는 희열로 때로는 오열로 이어져 마음은 물론 몸에도 민감한 변화를 가져다준다.

이러한 효과를 단기간에 극대화시킬 수 있는 특별한 공간, 나는 그곳을 가나안농군학교로 생각했다. 이곳은 새마을운동의 모태로 잘 알려져 있고, 1962년 농촌 부흥 운동을 해왔던 김용기 장로가 설립한 곳이다. 광양제철소 소장 시절 나는 혁신 분위기 조성을 위해 전 직원들과 함께 가나안농군학교 입교 교육에 참가한 적이 있었다. 새벽 5시부터 밤 10시까지 이어지는 절제된 일과, 정신교육 및 검소하고 소박한 음식 등 오래 전 기억이지만 그곳은 내게 늘 다시 가고픈 좋은 공간으로 남아 있었다.

나는 손욱 회장, 감사나눔신문 김용환 대표와 함께 김평일 교장과 오찬을 함께하면서 "죄송하지만 포스코ICT의 기업 문화 교육을 위해 가나안농군학교 교육 시간을 할애해 줄 것을 부탁드립니다"라고 말했다. 김평일 교장은 난감한 표정을 지었다. 오랫동안 지켜온 가나안농군학교의 교육 방침을 수정한다는 것은 곤란한 일이라고 말했다.

얼마 뒤 김평일 교장을 다시 찾아갔다. 가나안농군학교 교육 과정에 없는 감사나눔 교육을 포함해 몇몇 기업 문화 교육이 새로운 통합 회사에 반드시 필요하다며 그를 설득했다. 회사를 바꾸어야

행복한 리더가
행복한 일터를 만든다

겠다는 나의 간절함이 전해졌는지 김평일 교장이 결국 나의 제안을 받아들였다.

기업 교육은 물론 탈북자와 노인 교육 그리고 해외 농촌 사업에도 열과 성을 다해 2014년 포스코청암봉사상을 수상한 가나안농군학교. 이러한 곳에 장소와 일정은 정해졌고, 남은 과제는 내가 주문한 교육을 담당할 적임자를 외부에서 찾는 것이었다. 하지만 이 문제는 그리 오래 고민하지 않았다. 세종 리더십 특강 강사는 이 분야의 권위자인 박현모 한국학중앙연구소 교수가 맡으면 되었고, 그 외 기업 문화와 관련된 특강도 전문가 섭외에 어려움은 없었다.

마지막으로 교육 과정에서 역점을 두고 싶은 감사나눔 교육에는 최적으로 이끌어낼 적임자가 딱 한 명 있었다. 감사나눔신문의 유지미 기자였다. 유기자 본인의 체험을 나누는 것만으로도 직원들의 공감을 얻을 것 같았고, 감사나눔신문과 함께 새로운 감사 성공 사례를 시도할 수 있었다.

감사나눔신문은 포스코ICT와 뜻을 같이한 신문이었다. 감사나눔과 행복나눔125를 운동 차원으로 승화시키기 위해 김용환 대표가 감사나눔신문을 창간하기는 했지만, 초기라 경영상 무척 어려움을 겪었다. 나는 그 신문을 사무실은 물론 모든 직원들 집에도 보내줬는데, 그 이유는 감사나눔신문의 취지가 내가 추구하는 방향과 일치했기 때문이었다. 또한 감사를 학습하고 감사를 간접 체험하고 감사를 공유할 수 있는 신문, 감사나눔을 실천하고 있는 자신의 모습이 실린 신문처럼 교육 효과가 큰 매개체는 없다는 판단도 신문 구독의 주요 이유였다.

사실 최고 경영자로 부임해 행복나눔125를 선포하면서 감사쓰기를 권유하고, 감사나눔신문을 나누어줬을 때 직원들은 나를 생뚱맞게 보았다. 심지어 종교가 없는 내게 혹 교회 장로님이 아니냐고 직접적으로 물어오는 직원도 있었다. 그럴 때마다 살짝 웃어 넘기곤 했지만, 이제 본격적으로 감사나눔을 교육한다고 하니 직원들의 오해 소지도 있어 "감사나눔은 모든 종교가 추구하는 운동으로 어느 종교에도 편향되지 않는 것입니다"라고 언급했다.

모든 반론을 누그러뜨리고 모두가 긍정적으로 교육을 받게 하려면 방법은 단 하나, 내가 먼저 솔선수범해서 교육을 받는 것이었다. 그렇게 나는 외주 파트너사 경영진과 함께 가나안농군학교 입교 교육을 맨 먼저 마쳤다. 감사쓰기를 오랫동안 해온 나도 100감사쓰기가 쉽지 않았지만, 내가 해내야 직원들도 하지 않겠느냐는 간절함으로 100감사쓰기를 했다.

가정을 감동의 도가니로 만든 100감사쓰기

가나안농군학교 입교 교육은 매 차례 2박 3일 일정으로 진행되었다. 먼저 기본적으로 '효와 가정', '변화와 혁신', '공동체 의식 함양'이라는 가나안농군학교의 정해진 교육을 받아야 했다. 그리고 이번 교육의 핵심인 감사나눔 교육, 전문가로부터 세종의 리더십이나 실행력 등을 배우는 시간, 포스코 및 ICT 기업 문화를 습득하는 특강도 연달아 이어졌다. 다소 불편한 시설에서 새벽부터 늦은 밤까지 이어지는 만만치 않은 일정이었지만, 직원들은 교육에 열의를 보여줬다.

감사나눔 강사의 지도로 진행된 감사나눔 교육에서 가장 크게 비중을 둔 분야는 100감사쓰기였다. 하루 5감사쓰기에도 긴 가민가하는 직원들에게, 하루 100감사쓰기는 전문 강사의 도움이 중요했고, 이를 실천할 수 있는 집중된 교육 분위기 조성이 필요했다. 시행착오를 줄이기 위해 입교 교육 전에 직원들에게 미리 100감사거리를 찾아오라고 했다. 그 대상이 부모님이어도 좋고, 아내나 남편이어도 좋고, 동료나 친구여도 좋다고 했다.

그런데도 100감사쓰기는 여전히 어려웠다. 머릿속으로 많은 생각을 해왔지만, 집중해서 100감사를 쓰는 교육 시간에 50감사 문턱을 넘는 직원들은 흔하지 않았다. 50감사가 마지노선인지, 그 이상을 가는 데 너무 힘겨워하는 것 같았다. 그래서 감사 강사들이 기술적인 요령을 전해줬다. 가령 어머니에 대해 100감사를 쓰는 경우, 강사들은 이런 조언을 해줬다.

"어머니에 대한 생각을 어릴 때, 초중고 시절일 때, 청년일 때, 가정을 꾸렸을 때 등 시기별로 나누어 정리해보면 100감사를 완성할 수 있을 것입니다."

감사나눔 강사의 말을 이해한 교육 참가자들은 지난 시절을 회상하며 몰입 과정을 거쳐 100감사를 완성했고, 그 순간 온몸의 피가 역류하는 듯한 감정의 카타르시스를 느끼며 성취감에 빠진다. 주위 사람들과 사물들이 새롭게 보이는 기묘한 체험을 한다. 그러고는 이렇게 말한다.

"아, 나도 해낼 수 있구나."

사랑하는 아내에게 감사합니다. 여러 가지로 부족한 이 사람을 만나서 신혼 초부터 고생만 많이 시킨 것 같아 무척 미안하고 마음이 아픕니다. 당신은 조금이라도 아끼려고 덜 쓰고 아무런 내색도 없이 어렵던 살림을 꾸리며, 여러 차례 전셋집을 옮겨 다니면서도 미소로써 내조해주었지요. 두 아들을 잘 키우며 정신적 후원자 역할을 해줬습니다. 내가 힘들 때 말없이 위로해주고 당신은 홀로 쓰린 가슴을 쓸어내리며 시댁에 한 마디 불평 없이 다니면서도 친정에 가자고 한 번도 졸라댄 적 없는 그 마음 감사합니다. 지금 이 순간에 나와 아이들의 행복을 위해 기도해주는 당신에게 감사합니다. 지금 내가 있는 것은 당신 덕분이라고 생각합니다. 당신을 만나지 않았더라면 나는 아마도 긴 시간 방황하는 인생이었을 것입니다. 당신을 만난 것은 내 인생 최대의 행운입니다. 당신을 사랑합니다. 당신에게 감사하고 영원히 감사하며 살겠습니다.

직원들은 아내 말고도 부모님, 자식들에게 100감사를 쓴 것을 집으로 보내줬다. 100감사편지를 받아본 직원의 가족들 반응 중 어떤 부모는 가족들을 불러 모아 잔치를 하며 자랑했고, 어떤 아내는 남편의 사랑을 확인하고 용돈을 더 주고 밥상도 전보다 더 실하게 차렸다. 100감사 경험을 통해 직원들은 감사의 메아리가 이처럼 대단한 것임을 실감하게 되었다.

100감사쓰기로 가족들끼리 서로를 잘 몰랐던 사실을 알게 된 직원들과 그들의 가족은 이후 소원했던 관계 회복을 위해 적극적으로 행동했다. 멀어졌던 부부 관계가 가까워지고, 이전보다 부모님과 더 자주 소식을 주고받고, 불화가 심했던 고부 갈등이 사라지고, 서먹서먹했던 부자 관계가 끈끈해졌다.

이러한 가나안농군학교의 감사나눔 교육 내용은 감사나눔신문에서 특집으로 계속 다뤄졌고, 그중 감사나눔에 적극적인 직원들은 관심을 높이기 위해 인터뷰 기사로 내보냈다. 반응은 엄청났다. 신문에 남편 혹은 아버지의 사진과 기사가 난 것도 신기했지만, 감사로 변화된 심정을 읽어내고는 모두 감동을 받았다. 그들의 가족도 감사의 힘을 알고 감사나눔에 동참하기 시작했다.

모두가 감동의 말을 쏟아냈지만, 여기서는 인터뷰 기사 가운데 세 가지만 소개해본다.

"주변 남자들은 '지낼 만하다, 군대보다 편하다'는 등 긍정적인 반응이 대부분이었지만 여자들에게는 특히나 적응하기 힘든 교육이었던 것 같습니다. 그런데 2박 3일의 일정을 마치고 생각해보니 절약을 실천하고, 효를 행하고, 범사에 감사하고, 현실에 안주하지 않고 끊임없이 자기 계발하는 농군학교 교육의 중심은 바로 '기본으로 돌아가자'인 것 같습니다. 특히나 '행복나눔125' 강의에서 '감사쓰기' 활동은 제 가슴 깊이 다가왔습니다. 그날 저는 어머니께 100감사쓰기를 했는데, 비록 100감사를 다 채우진 못했지만, 쓰는 내내 어머니 생각에 마음이 저려와 흐르는 눈물을 멈출 수가 없었습니다."

"포스콘과 포스데이타. 서로 다른 두 회사의 문화를 어떻게 하나로 통합할 것인가를 고민했다. 가나안농군학교에 처음 들어왔을 때는 직원들이 아는 사람들끼리 뭉쳐 앉았는데 교육 후반기로 갈수록 여

행복한 리더가
행복한 일터를 만든다

러 사람들이 섞여 앉는 모습을 보았다. 가나안농군학교에서 포스코 ICT의 혁신 방향에 맞추어 맞춤형으로 교육 프로그램을 협의해준 것에 감사하다."

"내가 먼저 변해야 아이들이 변한다는 생각을 가지고 초등학교 5학년인 막내와 출근할 때마다 포옹과 뽀뽀를 시도했다. 이제 거의 스스럼없이 포옹을 하고 뽀뽀를 한다. 큰 아이와 둘째 아이에게도 내가 신뢰하는 모습을 보이기 시작했더니 아이들이 변하기 시작했다. 내 프레임에 아이들을 넣으려고 했던 것을 아이들의 프레임을 인정하고 다가가려고 하니 소통이 된다. 내 기준에서 아이들의 부족한 부분에 불만을 갖거나 더 잘하라고 채근하는 것이 아니라 아이들의 있는 그대로를 인정하고 있는 그 자체에 감사하는 마음을 갖기 시작했더니 아이들이 달라졌다. 감사가 소통이 되고 신뢰를 만들었다."

성공적으로 마무리된 체험 여행

가나안농군학교의 입교 교육은 회사에 새로운 분위기를 불어넣었고 특히 감사나눔에 대한 참여도를 높여나가는 계기가 되었다. 하지만 볼멘소리도 터져 나왔다. "이렇게 교육만 받고 있으면 소

가나안농군학교에서의 교육 모습. 교육을 진행하는 동안 전 직원들의 화합을 위해
임원과 직원을 한 팀으로 묶어 교육을 받게 했다.

는 누가 키웁니까? 돈을 벌어야죠?" 그러면 나는 빙그레 웃으며 이
렇게 답해줬다. "이게 돈 버는 일입니다." 이 말에 직원들은 고개를
갸우뚱했다. 나는 조만간 그들이 내 말을 이해할 날이 올 것이라고
여겼다. 땅이 기름져야 농사가 잘 되듯이, 기업의 바탕이 잘 다져지
면 눈에 띄는 경영 성과는 분명 나타날 것이기 때문이었다.

가나안농군학교 입교 교육 대상에 예외는 없었다. 내 목표는 전
직원이 입교 교육을 받는 것이기 때문이었다. 즉 해외에 주재하고
있는 직원들도 국내로 불러들여 입교 교육에 참여시켰는데, 교육
과정 가운데 감사쓰기와 발표를 통해 감사의 힘을 제대로 인식하

기를 바랐다.

그리고 입교 교육을 진행하는 동안 전 직원들의 화합을 위해 임원과 직원을 한 팀으로 묶어 교육을 받게 했다. 교육생 신분인 동안에는 직위를 무너뜨려 모두가 평등한 관계를 유지토록 했다. 모두 서로를 존중하는 자세를 몸으로 직접 배우기를 바라는 마음 때문이었다.

2월에 시작해 8월에 걸쳐 48회의 입교 교육이 진행되는 동안 나는 해외 출장으로 국내에 없는 경우를 빼고는 교육 마지막 날 꼬박꼬박 교육장을 찾았다. 그렇게 무려 40회나 교육장을 찾은 나는 갈 때마다 나의 경영 철학, 회사의 성장 전략과 기업 문화 등에 대한 강의를 통해 직원들과 공유하는 시간을 가졌다. 특히 감사쓰기에 대한 지속적인 실행만이 감사의 힘을 얻게 될 것이라며, 일상에 돌아가서도 반드시 실천할 것을 당부했다.

직원들의 가나안농군학교 입교 교육 성공 사례는 얼마 뒤 유기자가 정리해 《100감사로 행복해진 지미 이야기》라는 책자로 발간되었다. 이 책은 국내 기업의 감사나눔 사례를 최초로 다루고 있는 책으로, 지금도 감사나눔을 시

작하고자 하는 사람들에게 좋은 교본이 되고 있다.

좀처럼 돌리기 어려웠던 감사의 휠이 가나안농군학교에서 서서히 움직이고 있다는 느낌을 받았고, 그 효과는 생각보다 훨씬 더 컸다. 100감사쓰기라는 체험이 그 어떤 체험보다 더 큰 감정의 변화를 가져올 수 있다는 점, 그 변화가 단순히 변화하기 위한 변화가 아니라 긍정의 에너지를 가득 심어준 변화라는 점, 변화 과정에서 사람과 사물, 그리고 관계를 보는 관점이 끝없이 바뀌되 그 모든 것을 포용하며 사랑하는 관점으로 바뀌게 되었다는 점 등등 단기간이지만 교육 효과는 흡족했다. 특별한 곳에서 특별한 체험을 위한 여행은 이처럼 성공적으로 마무리됐다.

행복한 리더가
행복한 일터를 만든다

하나의 불씨가
광야를
불태우리라

　여자의 마음은 갈대라고 하지만, 이는 여자에게만 국한되지 않는다. 사람의 마음은 가볍게 부는 바람에도 하늘거리는 풀잎처럼 잠시도 가만히 있지를 못한다. 특히 환경이 변할 때마다 그 마음은 종잡을 수가 없다. 그만큼 사람의 마음은 알기도 어렵고 통제하기도 어렵다.

　가나안농군학교 입교 교육을 진행하는 내내 마음에 걸리는 부분이 있었다. 교육 효과가 교육장을 떠나서도 지속적으로 이어질까 하는 것이었다. 특히 감사쓰기만은 일상의 한 요소가 되어 꾸준히 실천했으면 하는 바람이 간절했다. 하지만 2박 3일이라는 짧은 기간 동안 행해진 교육으로 감사쓰기의 일관성을 바라는 것은 무리일 것이다. 감사에 대해 감화를 받았다고 하더라도 습관은 어떤 것이든 하루아침에 만들어지는 것이 아니기 때문이었다. 그래도 나는 희망을 버리지 않기로 했다. 전 직원들이 감사쓰기를 일상에서 해내는 것을 말이다.

감사는 머리에 담는 지식이 아니라 가슴으로 느끼고 손으로 쓰는 실천 행위이고, 이것이 꾸준히 이루어져야만 언젠가 습관화되어 진짜 감사의 효과를 볼 수 있다. 즉 교육의 효과를 이어가려면 무엇보다 감사쓰기가 습관으로 자리 잡을 수 있도록 새로운 방법을 찾아야 한다는 것이었다.

다행히 감사나눔에 적극적인 일부 임원을 넘어 전 임원들이 감사나눔활동에 대한 CEO의 확고한 의지를 읽었는지, 가나안농군학교 교육 때문인지, 전과는 다른 모습으로 감사나눔에 적극적인 것이 큰 힘이 되었다.

여기서 더 나아가 나는 감사나눔활동에 대한 임원들의 의지가 더 단단히 다져질 수 있도록 도움을 주고 싶어 감사나눔신문에 임원들의 인터뷰를 요청했다. 감사나눔신문 기자가 모든 임원들을 차례로 한 명씩 만나 감사활동으로 개인, 가정, 조직에 어떤 변화가 있었는지를 집중적으로 취재해갔다. 얼마 뒤 신문을 받아본 임원들은 자신의 경험과 의지가 기사화되어 눈앞에서 펼쳐지자 감사활동 에너지가 상승되는 것은 물론 오너십까지 느끼는 것 같았다.

행복한 리더가
행복한 일터를 만든다

CEO와 임원들이 감사를 내재화시켜 매일 5감사를 쓰고 있다는 것은 조직 내에 감사의 물결을 확산시킬 수 있는 기본적인 조건이 마련됐다는 것을 의미한다. 하지만 본래 없었던 것을 조직 내에 퍼트리기 위해서는 강한 열정의 소유자, 즉 자신의 한 몸을 불살라 모든 것을 변화시키겠다는 불씨들이 필요했다.

일본 작가 도몬 후유지童門冬二가 쓴 《불씨》라는 소설이 있다. 230여년 전 파탄지경에 있는 일본 요네지와 번에 열일곱 살의 젊은 청년이 번주로 취임해 혁신을 이끌어내는 소설이다. 주인공이 "한 사람 한 사람이 불씨가 되어주기 바란다. 우선 자신의 가슴에 불을 붙여주기 바란다. 그리고 타인의 가슴에도 그 불을 옮겨주기 바란다. 그러기 위해서는 나도 자신을 불태우겠다"라는 구절이 나온다. 소설에서처럼 감사나눔의 확산을 위해 우리 가슴에 불을 지펴줄 불씨가 필요했던 것이다.

나는 이러한 불씨들을 적극 육성하기로 했다. 그렇다면 누가 불씨가 되어야 할까? 당연히 감사에 대한 뜨거운 열정을 가지고 감사나눔활동을 가장 열심히 실천하는 직원이 불씨가 되어야 했다.

한 조직에서 불씨는 어느 정도가 적당할까? 조직의 상황에 따라 다르겠지만, 10명당 1명이면 감사나눔활동을 확산시키는 데 무리는 없을 것 같았다. 하지만 나는 분위기를 더욱 활성화하기 위해 상반기 10퍼센트, 하반기 10퍼센트의 불씨를 육성했다.

행복불씨로 선정된 사람들은 가나안농군학교 입교 교육과 별도로 불씨캠프에 가서 감사나눔신문 주관 하에 1박 2일 일정으로 교육을 받았다. 특별한 임무가 부여된 만큼 가나안농군학교 입교 교육 내용과는 많이 달랐다. 이들은 먼저 자신에 대해 성찰하고 자존감을 키우는 프로그램을 집중적으로 교육받았고, 감사쓰기 또한 자신뿐만 아니라 동료에게 100감사를 쓰고 공유했으며, 소통과 배려에 대한 특별 프로그램도 교육을 받았다. 이처럼 불씨들은 감사를 충분히 충전받고 조직으로 돌아가 감사를 전하는 역할을 충실히 이행했다.

확산되는 감사의 불씨들

12차의 불씨캠프가 진행되는 동안 이곳을 거쳐 간 행복불씨들의 감사나눔활동에 대한 열의는 더욱더 높아졌다. 가나안농군학교 입교 교육 때는 감사의 힘에 대해 잘 모르면서 분위기에 젖어 감사쓰기를 했는데, 막상 적극적으로 하다 보니 감사나눔이 생각보다 너무나 강력한 긍정의 에너지를 가지고 있다는 것을 알았기 때문이었다.

행복한 리더가
행복한 일터를 만든다

저는 애가 셋입니다. 애들에게 공부하라고 많이 하는데, 행복나눔 125운동을 통해 애들이 건강하게 잘 자라고 있음에 감사함을 느끼게 되었습니다. 그래서 지금은 공부하라고 말을 잘 안 합니다. 특히 막내 남자아이가 사춘기입니다. 그래서인지 요즘 반항심이 큽니다. 그런데 막내 아이에 대한 감사함을 마음에 가지고 아이에게 부드럽게 다가갔더니 톡톡 쏘고 거부했던 태도가 수용하는 태도로 많이 변화되었습니다.

저의 가장 큰 변화는 짜증스런 말투의 변화입니다. 행복나눔125운동을 회사 안에서만 하고 집에서는 다른 사람이 되는 것에 왠지 양심의 가책을 느끼게 되었습니다. 그래서 집 안에서도 시도하게 되었습니다. 그리고 말투가 변하게 되었습니다. 특별히 아이들이 용돈을 달라고 하면 전에는 "벌써 다 썼어?" 등과 같은 부정적 반응과 어투였는데, 지금은 "무슨 일이 있어?"라고 말합니다. 그러자 아이들의 반응도 달라졌습니다.

저는 가정의 변화보다는 내가 먼저 변해야 가정도 변하고 직장도 변할 수 있다는 생각을 하게 되었습니다. 그걸 찾기까지 꽤 많이 걸렸습니다. 처음에는 반응을 기대하고 나를 드러내기 위해서 하다 보니 내 자신도 기쁘지 않았고 아내도 기뻐하지 않았습니다. 그런데 내가 먼저 마음을 비우고 대가를 바라지 않는 감사를 하니 지금은 아내도 진심으로 고마워합니다.

 몇몇 행복불씨들의 이야기만 살펴봐도 감사나눔이 기본적으로 어떤 방향으로 가는지 알 수 있다. 아울러 이처럼 마음에 와 닿는 체험을 한 사람들이 감사를 그만둘 리가 없었다. 그들은 전보다 더욱더 감사나눔을 열심히 실천하고, 그것을 주위에 전파하는 데도 더욱 신명을 내서 했다. 자연스레 행복불씨들이 지피는 감사나눔의 불꽃이 회사 전체로 번져 기업을 감사로 물들이기 시작했다.

 감사 열기가 전 조직으로 확산되어가며 감사쓰기가 자연스레 조직의 일상활동으로 이어졌다. 많은 직원들이 업무를 시작하기 전 5감사를 작성했고, 이를 서로 즐겁게 공유하며 하루 일을 열어나갔다. 별도의 업무 회의를 하기 전에도 5감사를 썼고, 역시 이를 공유했다. 자율적인 감사쓰기가 만들어내는 바람은 드디어 서로의 벽을 허물고 소통의 분위기를 만들어가고 있었다.

 드디어 소통과 신뢰 구축, 긍정성 향상과 주인의식 재고에 있어서 가장 강력한 툴인 감사쓰기에 2,500명의 직원 다수가 참여하게 되었다. 동서양 통틀어 전무후무한 이런 일이 성공할 수 있었던 것은 실행력이 높은 기업이기 때문에 가능했다. 많은 직원들이 감사로 하루를 열고 감사로 하루를 닫는 회사, 그 회사에서 뿜어낼 시너지는 상상만으로도 가슴을 뜨겁게 했다.

기업에서 행복나눔125운동의 성공 조짐을 보았다는 것은 오랫동안 국내 기업이 추구해온 한국형 GWP(행복한 일터)의 완성을 알리는 청신호였다. 조직 구성원들의 상호 신뢰Trust, 하는 일에 대한 긍지와 자부심Pride, 활기차고 재미있는 분위기Fun가 높은 행복한 일터가 감사나눔으로 만들어지고 있었다.

미국에서 시작된 행복한 일터 만들기는 사람과 조직의 근본적인 체질 개선을 위해 다양한 방법으로 업그레이드되면서 변화와 발전을 거듭했다. 한국의 잭 웰치로 불리는 손욱 회장이 제안한 '행복나눔125운동'도 그 시작은 행복한 일터 만들기를 위한 것이었다. 그 서곡이 드디어 울렸다. 감사가 행복한 일터를 만드는 데 있어서 유용한 거름 역할을 하고 있었다.

GWP(Great Work Place)란?

GWP는 미국의 로버트 레버링Robert Levering 박사가 기업들의 문화적 특성을 정립한 개념으로서 조직 구성원들의 상호 신뢰Trust, 하는 일에 대한 긍지와 자부심Pride, 활기차고 재미있는 분위기Fun가 높은 기업을 일컫는다.

감동으로
출렁이는
감사의 물결

　가나안농군학교의 입교 교육과 불씨 캠프가 진행되면서 행복나눔125는 포스코ICT 전 직원들의 생각과 관점 그리고 가치관을 근본적으로 바꾸어가고 있었다. 감사쓰기로 끊임없는 관점의 전환을 통해 문제 해결 능력을 가지게 되었고, 제대로 된 소통이 이루어지면서 인간관계가 좋아졌고, 감사로 부드러움과 너그러움이 체화되면서 날선 분위기도 많이 사라졌다.

　감사의 효과에 대해 확신을 가지고 있지 못한 직원들도 업무를 대하는 자신들의 태도가 변한 것을 보고 깜짝 놀랐다. 고객의 불만 사항이 접수되면 인상을 찡그리던 직원들이 그것에 대해 전과 다른 생각을 하게 되었다. 고객의 마음을 얻지 못했으니 고객의

행복한 리더가
행복한 일터를 만든다

마음을 얻도록 노력할 기회를 주어 감사한 마음이 들었다.

직원들을 변화시킨 감사나눔은 가정에서도 뿌리를 내리기 시작했다. 가부장적이고 권위적인 아빠가 온화해지면서 가족 간에 소통이 이루어지고 집안이 화목해지자 부인들이 감사나눔에 관심을 가지게 되었다. 내가 변하면 가족이 변하고, 회사가 변한다는 감사나눔의 특징이 모두 발현되고 있었다.

짧은 기간이지만 감사나눔에 대한 집중적인 관심과 참여로 사람들이 변해가고 회사가 변해가는 것이 눈에 확 띄었다. 나는 이 모습을 놓치고 싶지 않았다. 비 온 뒤 땅이 굳어진다고, 2010년 겪었던 어려움들이 사라지고 이제 열매를 맺는 것 같아 좋았지만, 나는 행복나눔125의 뿌리를 더 단단히 내리고 싶었다.

하지만 그전에 확인하고 싶은 것이 있었다. 감사나눔이 얼마만큼 직원들 마음속에 들어차 있고, 얼마만큼 지속성을 가질 수 있는지 정확히 알고 싶었다. 골인 지점을 향해 달려가는 데 정말 어느 선에 있는지, 그것을 제대로 알아야만 다음 일을 추진하는 데 도움이 될 것 같았다.

'우리 가족 감사 Story'에 보여준 뜨거운 관심

궁리 끝에 나는 2011년 6월 전 사원을 대상으로 '우리 가족 감사 Story' 공모전을 열기로 했다. 응모 분야는 100감사, 감사편지, 행복나눔125 실천 수기, UCC 동영상의 네 부문으로 나누었다. 감사쓰기를 본격적으로 시작한 지 얼마 안 된 시점이라 응모작이 없을까 봐 내심 걱정했다. 하지만 막상 공고를 내고 홍보를 진행하고는 뚜껑을 열어보니 모든 것은 한낱 기우에 불과했다. 400여 명의 직원들이 네 분야에서 골고루 다양한 감사 이야기를 응모했다.

최우수상을 받은 직원의 이야기다. 아내에 대한 감사의 마음을 전하기 위해 100감사쓰기에 도전한 그는 첫째 날 11개, 둘째 날 10개를 쓰고는 일주일 동안 하나도 쓰지 못했다.

그러던 어느 날 그는 새벽 4시에 잠에서 깨어 자고 있는 부인의 얼굴을 한 번 보고는 아이들 방으로 가서 아이들의 자는 모습을 바라보며 좋은 모습들만 생각했다. 그러자 그동안 무심히 보았던 아내에 대한 부정적인 생각에 변화가 일어나기 시작했다.

결혼 후 살만 포동포동 쩌서 늘 잔소리만 하는 완전 아줌마가 된 아내가 소중하게 인식되기 시작했다. 아내에 대한 관점을 바꾸면서 그는 아내에 대해 새로운 생각을 선택했고, 그날 바로 그는 나머지 79개를 채워 100감사를 완성했다. 100감사 완성으로 아내에 대한 소중함은 물론 사물을 어떤 관점에서 어떤 시선으로 바라보느냐에 따라 생각과 마음이 달라진다는 것을 깨달았다.

그는 "예전에는 나를 변화시키고 주변을 변화시키는 힘은 돈, 권력, 명예에만 있다고 생각하며 그것을 쫓아왔습니다. 그러나 감사라는 두 글자로 돈도 들이지 않고 내가 변화되고 주변을 변화시켰습니다. 저는 지금 감사의 강력한 힘을 느낍니다. 자녀에게 많은 유산을 남겨주면 좋겠지만 그 중에서 감사할 줄 아는 마음을 가장 먼저 유산으로 남겨주고 싶습니다"라고 했다. 감사가 물질만 쫓았던 그의 가치관을 완전히 바꾸어놓았다.

감사는 아들에게 절을 하는 아빠도 만들어냈다. 한 직원은 중3 아들이 술 먹고 담배 피면서 계속 엇나가는 것을 지켜보고는 막 야단을 칠까 하다가 새로운 시도를 해보았다. 처음에는 용기가 나지 않아 술을 마시고는 잠자고 있는 아들 방에 들어가 큰절을 하면서 "건강하게 잘 자라 감사하다. 잘 먹고 잘 웃어주어 감사하다"라고 말했다.

다음 날 아들이 아무런 반응이 없으니 들었는지 못 들었는지 확인이 안 되었지만, 그 직원은 계속해서 잠든 아들에게 큰절을 했다. 아들의 반응이 나타나지 않아도 직원은 반복했고, 얼마 뒤 아들은 변해가기 시작했다. 스스로 공부를 했고, 나쁜 친구들과 어울리는 횟수가 줄어들었고, 자라고 해도 잠자리에 들지 않고 늦은 시간까지 공부에 열중했다. 감사하는 아빠의 진심이 아들에게 전달되었다.

감사가 암 진단을 선고받은 한 직원의 아버지를 살린 것은 물론 투병 기간 동안 잃어버린 가족들의 웃음을 되찾아주기도 했다. 감사쓰기를 하고 있던 직원은 아버지에 대한 감사의 마음을 담아 100감사를 썼고, 그것을 아버지에 보여줬다. 그러고는 아버지도 여력이 되면 감사쓰기를 할 것은 권유했다. 감사가 마음을 안정시켜 건강 회복에 도움이 될지도 모르기 때문이었다.

아버지는 아들의 깊은 뜻을 알고 아픈 몸에도 불구하고 열심히 100감사를 썼고, 그것을 아들에게 건네줬다. 아버지의 100감사를 읽은 아들은 물론 가족들도 감동의 눈물을 흘리며 가족애를 느꼈다. 이러한 공유를 통해 감사의 힘을 안 다른 가족들도 100감사쓰기에 동참했다. 더더욱 놀라운 것은 100감사쓰기를 꾸준히 하는 동안 암 수치가 기적적으로 떨어졌다. 감사쓰기가 한 생명을 살렸고, 가족들에게 희망을 주었다.

명함에 새겨진 행복나눔125

'우리 가족 감사 스토리 공모전'은 성황리에 끝났다. 대회를 마무리하면서 느낀 것은 어느덧 감사나눔이 회사 내에 서서히 자리 잡아가고 있다는 것이었다. 감사 스토리 공모에 응모를 했건 안 했건 감사쓰기는 전 직원들에게 큰 의미로 다가갔고, 직원 가족들 가운데 감사쓰기에 새로운 의미를 부여하면서 자발적으로 감사쓰기를 실천하는 사람들이 생겨났다. 앞으로 남은 과제는 지속성을 가지고 꾸준히 감사나눔을 실천하는 동력을 계속 만들어주는 것인데, 이 또한 지금까지 노력한 것처럼 열과 성을 다해 해나가면 그 길이 열릴 거라고 생각했다.

사내에서 감사나눔활동이 진행되는 동안 내 시선은 의식적으로 회사 밖을 향하기 시작했다. 외주 파트너사들이 감사나눔활동을 함께 해나가면 이는 행복나눔125운동의 취지에 맞을 뿐더러 당장 가까운 곳에서 함께 하면 더 큰 시너지 효과가 날 것 같았다.

이를 위해 전부터 나는 파트너사의 CEO와 임원을 포스코ICT의 감사나눔 행사에 자주 초청을 했고, 가끔은 따로 자리를 마련해 감사쓰기를 통한 공유의 시간을 갖기도 했다. 하지만 나는 여기서 그치지 않고 더 적극적으로 감사나눔을 알리고 싶었고, 임원들과 의논 끝에 회사 명함 오른쪽 상단에 '행복나눔125'라는 로고를 새기기로 했다.

이는 두 가지 목적이 있었다. 하나는 사내에서 여전히 감사나눔에 소극적인 직원들에게 감사나눔활동을 하고 있는 회사에 대한

POSCO
포스코ICT

행복나눔125

홍 길 동

포스코ICT
[463-400] 경기도 성남시 분당구 삼평동 622번지
Tel 02-1234-4567   Fax 02-1234-4567   Mobile 010-1234-4567/
E-mail honggildong@poscoict.com

소속감을 심어주기 위해서였다. 고객에게 행복나눔125가 새겨진 명함을 건넬 때와 그렇지 않을 때의 마음가짐은 분명 다를 것이기 때문이었다.

또 하나는 명함을 받은 고객과 자연스레 행복나눔125에 대한 이야기가 오가면서 직원들이 자신들의 활동에 자부심을 느끼고, 주도적으로 감사나눔을 대외로 확산할 수 있는 계기를 마련해주면서 바람직한 성과를 가져다줬다.

행복나눔125를 알리기 위한 안팎의 노력으로 포스코 그룹의 데이터센터를 총괄적으로 관리해주고 있던 네오디에스가 가장 먼저 회사 차원에서 행복나눔125를 기업 문화로 도입했다. 네오디에스는 포스코ICT보다 근무 조건이나 복지 부문에서 훨씬 더 열악한 환경에 놓여 있는 기업이었지만, 양창곡 대표이사가 리더십을 발휘하여 "감사를 생활화하자"를 사훈으로 내걸고 솔선수범의 자세로 감사나눔활동을 적극 개진했다.

그 과정을 본 나는 네오디에스가 외주 파트너사의 성공 모델이 되기를 바랐다. 즉 네오디에스가 외주 파트너사에 감사나눔활동을 확산시키는 불씨가 되어 많은 외주 파트너사들이 감사나눔활

동을 공유하기를 바랐다는 것이다. 그래서 나는 네오디에스의 감사나눔활동을 격려하고 도와주기 위해 감사나눔신문과 포스코 ICT의 기업 문화 그룹에 협조를 구했고, 나 자신도 자주 방문했다. 얼마 뒤 네오디에스는 실제로 감사나눔활동의 성공 모델이 되었다. 대표이사가 감사로 직원들을 주인으로 대접하다 보니 직원들도 주인의식을 갖게 되는, 즉 행복한 리더가 행복한 일터를 만드는 또 다른 사례를 만들 수 있었다.

최고의 감사 전도사는 감사편지

업무 관계로 만나기 때문에 인간적 소통이나 교감이 없던 사람으로부터 감사편지를 받으면 기분이 어떨까? 감동적인 영화 한 편을 보고 나온 느낌이 들기도 하겠지만, 무엇보다 내가 크게 관심을 두지 않았던 사람이 나를 그렇게 감사의 대상으로 여기고 존중해준다는 것에 감격해한다. 오랫동안 친분을 쌓아온 관계보다 더 빠른 시간 안에 격의 없이 소통하고 인간미 넘치는 대화를 나눌 수 있게 된다.

간절히 원하면 이루어진다고, 나의 바람을 실천할 기회는 금방 찾아왔다. 감사활동을 진전시킬 수 있는 아이디어가 떠오를 무렵 추석이 다가오고 있었기 때문이었다. 즉 추석을 맞아 시대의 흐름에 맞게 마음의 선물을 주고받는데, 그 선물은 다름 아닌 감사편지가 되는 것이었다. 이때 감사편지 대상은 외주 파트너사를 포함해 가족, 친척, 동료 등 특정인에게 국한시키지 않았다. 중요한 것은 진심이 담긴 마음을 전하는 것이었다.

우리가 익히 알고 있는 이심전심以心傳心이라는 말이 있지만 내 마음도 본인이 잘 모르는데 상대가 내 마음을 알아주길 바라는 것은 지나친 기대이다. 그래서 자기의 생각이나 마음을 전하려면 되도록 구체적으로 정리하여 글이나 말로 표현해야만 효과가 있다. '감사합니다'라는 말 한 마디라도 오고가야 감사의 마음이 전달되는 것이지, 마음속으로 아무리 감사를 전해주어도 상대방은 그 마음을 올바로 전달받기 어렵다. 감사는 표현해야만 빛난다고 말하지 않았던가.

감사편지 쓰기에 대한 호응은 의외로 컸다. '우리 가족 감사 스토리 공모전'에 응모한 숫자를 훨씬 앞지르는 1,700여 명이 감사편지를 썼고, 이를 받아본 고객이나 가족들은 말로 쉽게 표현하기 어려운 감동을 받았다. 이메일이나 문자 혹은 카톡으로 명절 인사를 주고받는 시대에 손으로 꾹꾹 눌러 쓴 감사편지를 받았으니, 그 기분은 받아본 당사자가 아니고서는 가늠하기 어려울 것이다.

감사편지는 엄청난 파장을 몰고 왔다. 보낸 사람도 받는 사람도

행복한 리더가
행복한 일터를 만든다

모두 놀라워했다. 갑의 입장에서 감사편지를 받은 고객사 직원은 감사편지를 받자마자 곧바로 전화를 해서는 "평생 이렇게 감동적인 연애편지는 받아본 적이 없다"고 하면서 우리 직원을 불러내 함께 점심을 나누었다.

소위 말하는 을의 입장에서 감사편지를 받은 한 거래처 직원은 갑이 감사편지를 보낸 것에 의도가 궁금해 어쩔 줄 몰라 하다가 진정성을 알고는 "어떻게 나에게 이런 편지를 쓸 수 있느냐. 눈물이 났다"며 전화로 감동의 목소리를 전했다.

감사편지는 일회성으로 그치지 않았다. 감사편지를 보내고 난 뒤 상대방으로부터 똑같은 감사편지를 받은 직원들 역시 감동을 억누를 수 없어 다시 감사편지를 보냈다. 그렇게 감사편지를 쓰는 직원들은 추석 이후에도 매월 1,000여 명이나 되었다.

이벤트로 시작한 감사편지는 뜻하지 않게 감사의 전도사가 되었고, 감사나눔활동을 널리 알리는 데 큰 기여를 했다. 감사나눔활동을 회사를 넘어 외부에도 알린다는 나의 바람은 외주 파트너사 및 고객사로 그리고 그들의 가정으로 물결처럼 번져나가면서 자연스레 이루어졌다.

지금도 나는 특별한 일이 있을 때에는 감사편지로 나의 마음을 전하곤 한다. 감사편지만큼 사람의 마음을 뭉클하게 하고 온몸을 전율시키는 매개체는 없다고 생각하기 때문이다. 아마 지금도 이

때의 감사편지가 준 감동을 잊지 못해 감사편지를 꾸준히 쓰는 사람들이 많을 것이라고 생각한다. 나 또한 그렇기 때문이다. 아래 감사편지는 결혼 36주년을 맞이해 아내에게 쓴 것이다. 겸연쩍지만 잠시 소개해본다.

　사랑하는 당신 장영숙에게

　결혼해달라고 졸랐던 시절이 엊그제 같은데 어느덧 세월이 흘러 당신이 올해 환갑이라니 믿기지 않구려!
　성공한 직장인으로 오늘이 있기까지 헌신적인 당신의 내조에 감사합니다.
　내가 자만하고 과욕을 부릴 때는 야당으로 나의 독주를 견제해줬고, 의기소침할 때는 나에게 자신감을 심어줬고, 아내로, 연인으로 때로는 후견인으로 함께해준 당신에게 감사합니다.
　아들딸을 키우며 자기의 분신인 양 모성애를 발휘하여 본인의 소질대로 제 갈 길을 잘 이끌어준 당신에게 감사합니다.
　시부모를 모시고 스스로를 놓아버리고 배려하고 효도하여 사랑받고 칭찬받는 며느리가 되어주시어 감사합니다.
　시동생들도 자기 동생처럼 잘 보살피고 거두어주어 훌륭한 가장으로 자리매김에 역할을 해주어 감사합니다.

행복한 리더가
행복한 일터를 만든다

이제 당신 자신의 삶에 의미를 찾고자 함께 코칭을 배우며 주위의 도움이 되고자 하는 나의 소울메이트Soulmate인 당신에 감사합니다. 부부로서 부모로서 자식으로서 그리고 사회의 구성원으로서 더 좋은 역할을 하기 위해서라도 가진 것에 감사하며 배우며 건강에 유의하여 함께 정답게 늙어가는 행복한 부부가 되도록 합시다.

결혼 36주년을 맞으며 당신을 사랑하는 남편 허남석 드림

회장의 진노를
환골탈태의
기회로

감사나눔활동이 조직에서 자리를 잡아가고 있던 무렵 여느 회사보다 윤리 경영을 강조하는 포스코와 포스코ICT에서 비윤리 사건이 불거졌다. 제철소의 PC(프로세스 컴퓨터) 분야에서 업무가 오고 가던 중 비윤리적인 행동이 발생했고, 이것이 대외적으로 알려지게 되었다.

국민 기업인 포스코에서 이런 일이 발생하자, 가장 진노한 사람은 정준양 회장이었다. 정 회장은 포스코 그룹 사장단 회의석상에서 나를 보고 "어떻게 그런 비윤리가 우리 그룹에서 발생할 수가 있습니까?"라고 말을 열며 질책을 멈추지 않았다.

순간 나는 움찔했지만 곧바로 "제가 이번 사건을 전화위복의 계

행복한 리더가
행복한 일터를 만든다

기로 삼고 환골탈태하여 투명하고 윤리적인 회사를 만들도록 하겠습니다"라고 말했다. 말을 마친 나는 회장의 얼굴을 계속 주시하고 있었다. 그때 회장의 눈빛은 이를 계기로 직원들의 윤리 의식을 한 단계 상승시켜달라는 당부를 보내는 것 같았다. 그래서 나는 속으로 '감사합니다, 회장님. 진노의 에너지를 활용하여 이번 연말까지 윤리 경영의 모범 사례를 만들겠습니다'라고 다짐했다.

다음 날 나는 직책 보임자들과 토론회를 하면서 향후 유사한 사례가 발생하면 사직서를 쓸 의향이 있느냐고 물었다. 그들은 결연한 의지를 보이며 서약서 작성에 동참했다. 그 모습을 본 나는 비윤리가 다시 발생하면 안타깝지만 곧바로 조치를 취하겠다는 의지를 천명했고, 관련 직원들에 대해서는 일벌백계의 사례를 남겨 환골탈태의 계기로 삼자고 했다. 분위기를 인식한 인사위원들은 읍참마속의 심정으로 비윤리 사건과 관련된 직원들의 면직이라는 어려운 결정을 해줬다.

사건의 비중에 비해 가혹한 조치라고 여겨 직원들 사이에 심리적인 공황이 올 법도 했다. 하지만 모두 회사의 방침에 큰 이의를 달지 않고 수용해줬다. 하지만 한바탕 폭풍이 금방 가라앉기는 힘든 법, 나는 직원들과의 간담회를 통해 "감사하면 밥도 부패하지 않는데 하물며 사람의 마음이 부패하겠습니까? 우리가 감사의 마음으로 자존감을 키우면 비윤리에 한 발이라도 담글 수 있겠습니까?"라고 설명했다. 직원들은 감사가 윤리와 직결된다는 것을 깨달은 것 같았다. 이를 계기로 직원들은 교육만 받던 윤리를 말이 아니라 현실로 느끼며 윤리 의식이 한 단계 높아지게 되었다.

나 또한 이 사건을 통해 새로운 인식의 전환을 가져오게 되었다. 윤리 문제를 인성 문제로 국한시키지 않고 프로세스 관점에서 이를 보고 프로세스 개선을 통해 문제를 해결해나가는 계기가 되었기 때문이었다.

이번 비윤리 사건은 사실 설비를 증설하면서 포스코, 포스코ICT 및 외주 파트너사가 그 업무를 관행적으로 수행하다 환경 변화에 대응하지 못해 빚어진 불찰이었다. 환경이 바뀌었으면 그에 맞는 옷을 갈아입어야 하는데 그렇지 못해 불거진 문제로서 프로세스적인 관점에서 재조명하며 문제 해결을 시도했다. 그동안 포스코와 포스코ICT로 이원화되어 있던 PC 업무를 포스코로부터 이관받아 포스코ICT에서 책임·운영하기로 했고, 외주 파트너사도 구조 조정하여 기존 14개사에서 3개로 개편해 경영 개선을 유도했다.

이로써 회장과의 약속대로 연말 전에 나는 회장의 진노하는 에너지를 감사로 승화하여 프로세스 관점에서 체질을 개선할 수 있었고, 직원들의 윤리 의식을 개선하는 사례를 만들어냈다. 감사의 힘이 얼마나 큰지를 경험한 소중한 순간이었다.

감사의 축제 한마당으로
상승한
감사 에너지

2년여의 감사나눔활동으로 포스코ICT는 감사나눔활동을 하기 이전과 많이 달라졌다. 하지만 아쉬운 점도 많았다. 20~30퍼센트 직원들은 아직도 마음에서 우러나오는 감정으로 감사쓰기를 하지 못하는 것 같았고, 행복나눔125운동에 대해 확신하지 못하고 긴가민가하며 여전히 의구심을 품는 직원도 상당한 것 같았다. 게다가 감사나눔을 하면서 착각하기 쉬운 게 감사나눔은 철저히 자기 자신을 위해서 하는 것인데, 회사를 위해서 하는 것으로 오인하는 직원들도 있는 것 같았다.

이러한 우려를 불식시키고 공감하는 자리를 만들고 싶었다. 그래서 나는 감사나눔으로 서로가 그동안 변한 모습을 공유하면서 다시 감사의 에너지를 얻어가는 축제의 장을 마련하기로 했다. 2011년 12월 5일 포스코ICT 직원들과 가족들, 외주 파트너사 임원들과 가족들, 행복나눔125운동 관계자, 그리고 감사나눔신문사를 판교 신사옥으로 초청해 '2011 가족 초청 행복나눔 페스티벌' 행사를 열었다.

12월 5일 행사장 입구는 사원 및 사원 가족들의 감사운동 산물인 '감사앨범'이나 '즐거운 우리집-100감사쓰기' 등이 전시되어 강당으로 들어가는 참석자들에게 감사의 기운을 느끼게 해줬다. 가장 인기를 끈 것은 감사 실험으로 확연히 다른 모습을 하고 있는 밥과 양파가 담긴 유리병이었다. 감사의 말을 듣고 자란 하얀 밥과 증오의 말을 듣고 자란 거무튀튀한 썩은 밥, 역시 감사의 말을 듣고 자란 싱싱한 양파와 증오의 말을 듣고 자란 시들시들한 양파, 한눈에 보아도 대비되는 이 모습을 본 참석자들은 하나같이 "아무리 생각해도 참 신기해. 말 한마디가 저렇게 다른 모습을 만들다니!"라며 총총히 행사장 안으로 들어갔다.

왁자한 가운데 강당은 참석자들로 금세 가득 찼고, 간단한 식순을 마친 뒤 감사 실험을 제일 많이 한 제갈정웅 대림대 총장의 '또 또감사로 개인의 삶과 일터를 리모델링합시다'라는 특강이 열렸다. 그는 "감사가 개인의 숨은 잠재력을 향상시키는 데 큰 효과가 있는 것은 물론 건강 개선과 스트레스를 줄이는 데 큰 역할을 한다"고 말했다. 이러한 감사의 효능을 보려면 꾸준한 연습이 필수라고 강조했다.

이어 펼쳐진 행복나눔125퀴즈를 내는 시간에 나온 답은 아직도 기억에 남아 있다. '행복나눔운동은 ○○○○○다!'라는 물음에 한 행복불씨는 '판교 신사옥'이라고 답했다. 이유인즉 "처음에는 스마트 오피스 환경이 남의 사무실처럼 적응이 잘 안되었으나 시간이 지나면서 익숙해지고 편리해졌다"는 것이었다.

모두에게 행복을 안겨준 행복나눔125

다음으로 이날 행사의 하이라이트인 행복나눔 우수 사례가 발표되었다. 이번 공모에는 28개 사업부, 283명의 직원 및 가족이 참여했다. 개인 부문에서는 감사나눔을 통해 고부간의 갈등이 해소된 가족, 텔레비전을 치우고 큰방을 도서관으로 만든 가족 등 다양한 사연이 소개되었다.

이날 단체 부문 콘테스트에서 결선에 진출한 팀은 전기제어서비스부(광양), 기술서비스 그룹, 베트남 사무소 등 모두 세 팀이었다. 시상에 앞서 세 팀은 차례로 사례 발표를 가졌는데, 광양 전기제어서비스부는 전기 수리 전문 봉사와 마술 동호회의 봉사 활동,

그리고 독서 활동 등을 우수 사례로 발표했다. 또 기술서비스 그룹은 남한산성 음악 공연을 통한 봉사 활동과 저체온증으로 사망하는 아프리카 어린이들을 위한 모자 뜨개질과 칭찬 운동 등을 사례로 소개했다.

마지막으로 베트남 사무소는 현지 채용 직원 즉 베트남 사람이 발표자로 나서 능숙한 한국말로 행복나눔125운동 실천 사례를 소개했는데, 발표자는 호치민시 국립대학 한국어학과를 졸업했다. 발표자는 베트남 사무소 직원들도 예외 없이 행복나눔125운동을 실천하고 있다고 했다. 매일 5감사쓰기를 비롯해 직원들 간에 감사메모를 나누고 있으며 이따금 워크숍을 열어 100감사를 발표하는 등 감사운동을 생활화하고 있다고 밝혔다.

포스코ICT 베트남 사무소의 행복나눔125 시작은 조금 특이했다. 최일도 목사에 의해 시작된 '밥퍼' 무료 급식 봉사 활동을 하며 행복나눔125를 알려나갔다. 사회주의 국가인 베트남에서 봉사 활동을 하는 것은 법적으로 금지되어 있기 때문에 이를 하게 되면 범법자가 되는 것이었다.

그래서 생각해낸 것이 베트남에서 밥퍼 운동을 하기 위해 상당히 오랫동안 노력해온 다일공동체와 함께하는 것이었다. 다일공동체는 적십자사와 협동해서 해야 한다는 단서 조항을 달고 허가를 받았다. 그렇게 우리는 다일공동체에 도움을 주는 식으로 베트

행복나눔 페스티벌에서 최우수상을 수상한 베트남 사무소 팀

남 봉사 활동을 하기 시작했고, 그 이후 행복나눔125에 대한 인식이 좋아지면서 감사나눔활동 동참자가 늘어났다.

세 팀의 사례 발표 후 참석자들의 현장 투표에서 이날 영예의 최우수상 수상팀으로 베트남 사무소가 선정됐다. 먼 이국땅에서 이루어지고 있는 행복나눔125가 신기해서 그런지, 아니면 행복나눔125가 글로벌화되고 있다는 것에 기쁨을 감추지 못해서 그런지, 많은 사람이 베트남 사무소에 감사의 마음을 전했다. 베트남 사무소에는 상패와 부상으로 소정의 상금이 주어졌다.

한편 이날 내빈으로 참석해 행사 내내 자리를 지킨 손욱 회장은

행복나눔 페스티벌을 마친 후. 서로 간에 믿음을 주는 마음이 진정으로 가득 흘러넘친 그날
나는 행복나눔125운동의 힘을 다시 보았다.

행사 말미에 소감을 통해 "작년 4월 1일 '행복나눔125운동'을 선
언한 이후 채 2년도 안 되어 엄청난 성과를 거뒀다"며 "포스코ICT
에서 거둔 성과를 토대로 내년에는 국방부와 삼성 그룹 등에도 이
운동을 전개할 방침"이라며 포부를 밝혔다.

　행사가 끝나가는 시점에서 인하대 전영 교수는 "예수의 열두 제
자도 혼신을 다해 '범사에 감사하라'는 말을 사람들에게 알렸으나
다 변화시키지 못했는데, 전 직원을 이렇게 변화시키다니 참 대단
하십니다"라고 했다. 감사를 몰랐던 직원들이 진정으로 감사나눔

행복한 리더가
행복한 일터를 만든다

활동을 한 것을 보고 기적 같은 일이라서 그렇게 말한 것인지도 몰랐다.

나는 행사를 마치면서 가슴이 벅차오르는 것을 느꼈다. 감사를 바탕으로 하는 행복나눔125가 그리 길지 않은 세월 사이에 직원들을 이토록 아름답게 변화시켰다는 것이 놀랍기만 했다. 때로는 뭉클한 감동이 때로는 스트레스 팍팍 날리는 웃음이 때로는 서로 간에 믿음을 주는 마음이 진정으로 가득 흘러넘친 그날, 나는 행복나눔125운동의 힘을 다시 보았다.

어머니로부터 온
감사편지

2011년 12월 5일 열린 '2011 가족 초청 행복나눔 페스티벌' 행사에서 사람들이 가장 많은 눈물을 흘린 순간이 있었다. 행복불씨로 활동하면서 감사쓰기를 열심히 하는 이재정 직원의 이야기다. 그는 매일 5감사쓰기는 물론 주위 사람들에게도 매월 1회 감사편지를 보냈다. 감사쓰기에 자신감이 생긴 그는 시골에 홀로 계신 어머님께 '100가지 감사편지'를 써서 보냈다. 그러고는 잊고 지냈는데 어느 날 어머니에게서 난생처음 편지를 받았다.

그 직원의 어머니는 17세 외동아들에게 시집을 와 넉넉지 않은 집안 형편에도 8남매를 모두 훌륭히 키우셨고, 2011년 당시 85세였다. 남편을 여의고 홀로 되신 어머니가 안쓰러워 자식들이 함께

행복한 리더가
행복한 일터를 만든다

살자고 해도 불편을 끼치기 싫다며 한사코 거절하시는 어머니였다. 어머니는 자식들이 전화하면 "전화 줘서 고맙다. 용돈 줘서 고맙다. 너희들 건강하여 감사하다"는 말로 평소 감사를 잘 표현하며 살았다.

그런 어머니에게 이 직원은 몇 년에 한 번 편지를 썼다. 하지만 답장은 받아본 적이 없었다. 그런데 100감사편지에 그는 어머니의 답장을 받았다. 편지를 개봉해 읽는 순간부터 그는 눈물을 흘렸다. 혼자 한글을 깨우쳐 맞춤법도 틀리고 삐뚤삐뚤한 글자였지만, 한 글자 한 글자가 감동으로 다가와 감사하고 죄송한 마음이 가득했기 때문이었다. 어머니의 편지를 읽은 그와 그의 아내는 펑펑 눈물을 흘렸다.

어머니가 답장을 한 이유는 "대학 졸업하고 지가 알아서 직장 찾아 열심히 살아가는 게 감사한데. 생각할수록 감사하지. '엄마 키워줘서 감사합니다. 공부시켜줘서 감사합니다'라는 감사편지가 네 장이나 와가지고 내가 마음이 너무 뭉클해서 암만 못 쓰는 글이라도 내가 답장 해줘야겠다 싶어가 답장을 썼어예"라고 말했다.

이러한 어머니의 말과 편지 낭독이 이날 행사에서 동영상으로 나오는 순간 전 직원들은 하나같이 감동의 눈물을 훔쳤다. 여기 그 어머니의 편지를 소개해보겠다.

가족 초청 행복나눔 페스티벌에서 소개된 어머니의 편지

사랑하는 나에 아들

너의 서신 받고 보니 너에 착한 마음이 편지에 적혀 잇구나. 보고 또 보고 하느님께 감사드렷다. 편지 쓰기 시려 하는 너가 보잘 것 업는 이 엄마에 사기를 높히 평가해 주어서 고마기만 하구나. 사랑하는 내 아들 성장기 동안 성내는 모습은 한 번도 보이지 안앗고 언제나 내 마음을 편하게 해주엇든 너의 모습을 생각하면 하느님께 감사 또 감사드린다.

팔남매 엄마로서 뒤도라 볼 때 꿈만 갓구나. 민들레꽃이 피어 바람에 날려 재 자리에 숨겨져 사는 것과 같이 너희들도 자기 생활 따라 잘 사라 주는 것을 볼 때 고마운 마음 이절 수가 업구나. 열 식구가 생활하다가 지금은 나 혼자 민들레 꽃대와 같구나. 그러나 나에게는 팔남매를 선물로 얻어서 하느님께 감사할 뿐이다.

너희들의 전화 한 통이 나에게는 기쁨을 주는구나. 너희 세 식구가 서로 사랑하고 용서하면서 신앙과 건강을 잘 보존하기를 바랄 뿐이다. 둘도 없는 내 손녀 지윤이 사랑한다. 내 생애 편지라고는 처음이

자 마지막인 것 같구나.

 섬진강 시인으로 잘 알려진 김용택 시인의 어머니는 한글을 모른다고 한다. 그런데 묘한 것은 김용택 시인은 자기 시의 원천이 어머니의 말 한 마디 한 마디라고 했다. 그의 어머니는 꾀꼬리 울음소리를 듣고는 "용택아, 꾀꼬리 운다이. 꾀꼬리 울음소리 듣고 참깨가 나고 보리타작하는 소리 듣고 토란이 난단다"라고 했는데, 김용택 시인은 이게 시라고 했다. 어릴 때부터 들은 어머니의 말이 그를 아름다운 서정 시인으로 만들었다.

 가족간의 진정성 어린 대화나 가족간의 편지는 그 어떤 감동적인 글보다 더 감동적일 때가 많다. 그 어떤 수식, 은유, 비유 등의 문학 기법이 동원되지 않고 서로를 느끼고 있는 그대로의 마음이 전달되기 때문이다. 다른 사람도 아니고 가족 간에 이야기를 하거나 편지를 주고받는 데 꾸밀 필요는 없는 것 아닌가.

 이 직원의 어머니가 편지에서 말한 "민들레꽃이 피어 바람에 날려 제 자리에 숨겨져 사는 것과 같이 너희들도 자기 생활 따라 잘 살아주는 것을 볼 때 고마운 마음 잊을 수가 없구나"라는 표현 또한 이 자체가 하나의 아름다운 시다. 위대한 문학작품보다 더 감동적이다.

감사할 줄 알아야 행복한기라

감사쓰기는 글을 잘 쓰고 못 쓰고의 문제가 절대 아니다. 감사쓰기는 글쓰기 훈련을 하는 것도 아니다. 있는 그대로의 마음에 감사를 담아 꾸미지 않고 자신의 언어로 솔직담백하게 표현하면 된다. 그러면 그 안에서 우러나오는 감정이 정화되고 반응을 일으키면서 의식의 성숙이 이루어지고 삶에 활력소가 생긴다. 좌절과 절망, 부정과 우울은 점점 자리를 잃게 된다.

그 감정이 내 안으로 향하는 것이 우선 중요하고, 그 다음으로 가족들끼리 감사를 나누는 글을 주고받으면 가족 간의 화목은 어렵지 않게 이루어진다. 이처럼 가정을 행복하게 만드는 지름길, 그것이 바로 감사쓰기이다. 그리고 그것은 나와 가정은 물론, 회사와 조직, 더 나아가 우리 사는 세상을 행복하게 만드는 주요 툴이다.

감사를 학습하기 위해서는 감사에 관한 책을 많이 읽어야 한다. 그러면서 거기서 나오는 귀중한 말에 밑줄을 긋고 그것을 나의 것으로 만들려고 노력해야 한다. 감사 관련 책뿐만 아니라 유명 인사의 어록을 마음에 담아두려고 애써야 한다.

하지만 감사를 제대로 알거나 느끼기 위해 이것보다 더 좋은 방법은 가족, 가까운 사람이 평범하게 하는 말에 귀를 기울이는 것이다. 평범함 속에 진리가 있다고 하지 않은가. 글은 모르지만 자연을 있는 그대로 볼 줄 아는 한 어머니가 위대한 시인을 탄생시켰듯이 말이다.

그래서 우리는 아들의 감사편지에 처음 답장을 한 어머니가 남긴 말을 잘 새겨들어야 한다. 쉬운 말로 이처럼 감사에 대해 정확하고 심금을 주는 말은 드물기 때문이다.

"감사할 줄 알아야 행복하지 감사할 줄 모르면 불만투성이다. 전부 나보다 좋은 것만 바라고 좋은 것만 편한 것만 이러면 감사 없고 불만이다. 그러니까 항상 감사하면 항상 즐겁고 행복한기라."

이런 말을 그 누구도 아닌 자신의 어머니에게서 들었다면, 그 느낌은 받아본 사람만이 알 것이다. 감사의 크고 작은 감동, 그 출발은 가족이다.

김용택의 시 〈참 좋은 당신〉을 소개해보겠다. '참 좋은 당신'이 누구인지는 읽는 이의 마음 상태에 따라 다르겠지만, 아마 뭐든지 아낌없이 주는 어머니가 가장 먼저 떠오르지 않을까?

참 좋은 당신

어느 봄날
당신의 사랑으로
응달지던 내 뒤란에

햇빛이 들이치는 기쁨을

나는 보았습니다

어둠 속에서 사랑의 불가로

나를 가만히 불러내신 당신은

어둠을 건너온 자만이

만들 수 있는

밝고 환한 빛으로

내 앞에 서서

들꽃처럼 깨끗하게

웃었지요

아,

생각만 해도

참

좋은

당신

　

앞에서 감사의 출발은 '나작지'라고 했다. '나부터, 작은 것부터, 지금부터' 감사를 실천하면 차츰 모든 변화가 이루어진다. 이러한 변화가 정말 짧은 세월에 포스코ICT에서 일어났다. 이제 더 나은 길로 접어들면 된다. 그것은 감사나눔과 행복나눔125를 포스

행복한 리더가
행복한 일터를 만든다

코ICT의 행복 브랜드로 만드는 것이다. 포스코ICT 하면 이제 정략결혼을 한 통합 회사가 아니라 행복나눔125로 모두가 행복한 회사로 떠오르게 하는 것이다.

그 이미지의 내실 있는 완성을 위해 더 많은 일이 2012년을 기다리고 있었고, 그 길은 이제 1초라도 더 빨리 달려가고픈 길이었다. 끊임없이 생각을 바꾸고 관점을 전환하고 새로운 선택을 하면서 더 나은 결과를 얻어가고 있었기 때문이었다. 그렇게 2012년은 밝아오고 있었다.

감사나눔활동의
수준을
더 높여라

사람이든 기업이든 크고 작은 시련은 부지불식간에 언제든 찾아온다. 문제는 시련을 극복할 긍정의 에너지를 평소 몸에 지니고 있어야만 어떤 상황이 와도 흔들리지 않고 나아갈 수 있다는 것이다. 그리고 에너지를 축적하는 방법이야 사람마다 다르겠지만, 나는 주위 사람들에게 감사쓰기를 일상적으로 할 것을 권유한다. 감사는 어려운 난관에 부딪히고 포기하고 싶을 때 스스로 일어설 수 있는 힘이 되어주기 때문이다.

지난 2년여 동안 이러한 감사의 힘을 인식시키고 전파하기 위해 온 힘을 쏟았다. 도저히 굴러갈 것 같지 않은 거대한 감사의 휠을 돌리기 위해 무던히 애를 썼고, 감사나눔활동의 활성화를 위해

행복한 리더가
행복한 일터를 만든다

여러 사람의 지혜를 모으고 참여하게 되어 이제 어느 정도 자리를 잡아가는 것 같았다.

하지만 여기에 만족할 수가 없었다. 나는 전 직원들이 감사활동의 3단계인 '그럼에도 불구하고' 감사, 즉 언제든 어려움이 닥칠 때마다 관점의 전환을 통해 상황을 헤쳐 나가는 감사의 수준에 이르기를 바랐다. 이 수준이 되어야 매 순간 행복을 느끼고 매 순간 진정한 소통이 이루어지고 매 순간 관점의 전환을 통해 자신의 삶과 업무를 몰입의 단계로 가져갈 수 있기 때문이다.

감사의 수준을 높여 감사가 일상화되면 일상적으로 행해지고 있는 모든 것들에 대해서도 감사하게 된다. 밥때가 되면 으레 밥상이 차려지는 줄 알고 지냈지만, 감사를 하게 되면 그 밥상을 준비한 아내에게 감사의 마음을 전하게 된다. 이처럼 일상의 소소한 모든 것에 감사를 느끼는 것이 참된 의미에서 감사의 일상화이다.

최동익 상무는 감사쓰기를 하고 난 뒤 달라진 자신의 변화를 이렇게 말했다.

가정에서의 변화다. "감사일기를 쓰고 난 후 가족 간의 사랑과 행복이 무엇보다도 소중하다는 것을 얻었으며, 아내에게는 존중심이, 자녀들에게는 그들의 입장에서 얘기를 들어주는 자상한 아버지로 변했으며, 자신의 실수를 받아들이는 넉넉함과 배려하는 마음이 생겼다."

회사에서의 변화다. "신사업을 하며 위기도 많고 극복해야 할 힘든 점도 많았는데 감사일기를 쓰며 그러한 어려움들을 극복하는 힘이 생겼다. 희망적이고 긍정적으로 생각하게 되며 즐겁고 재미있게 일을 하며 직원들을 리딩할 수 있게 되었다. 그러한 긍정적인 에너지는 사장님을 통해 내게 전해지고 나를 통해 직원들에게 전달되는 것 같다. 직원들과의 관계에서 격려하고 칭찬하는 마음으로 함께 존중하는 마음을 갖게 되었다."

고객과의 변화다. "인내하는 마음이 생겼다. 고객이 불러주는 것에 감사하는 마음이 생겼다. 고객에게 어떤 곳이든 달려갈 수 있다는 '믿음과 확신'을 보임으로써 영업 실적이 향상되는 원동력이 되었다."

그는 감사쓰기를 통해 얻은 세 단어가 있다고 했다. "첫째, '할 수 있다'는 말이다. 둘째, 'Will' 즉 '될 것이다. 이룰 것이다'라는 단어다. 셋째, 'Thanks In Thanks Out', 즉 감사하면 감사할 일이 생긴다."

바로 이것이었다. 감사쓰기를 통해 이 정도의 정신적 성숙에 이른 사람들은 이제 누가 강요하지 않아도 스스로 감사쓰기를 지속해나갈 것이고, 눈앞이 아득해지는 절망의 순간이 오면 다른 방안을 강구하지 않고 일단 감사쓰기를 통해 관점을 바꾸어가며 위기를 충분히 극복해나갈 것이다.

행복한 리더가
행복한 일터를 만든다

'2011 가족 초청 행복나눔 페스티벌'의 성공으로 행복나눔 125를 열심히 했던 직원들에게는 자신감을 심어줬고, 긴가민가하는 일부 직원들은 행복나눔125에 더 가까이 다가갔지만, 이를 지속시키기 위한 감사의 에너지가 더 충전되어야 할 것 같았다.

100감사쓰기의 마지막 대상은 회사

2010년 합合의 해를 무사히 넘었고, 다사다난했지만 2011년 강強의 해도 어느 정도 성과를 얻었고, 이제 기업 통합이 완성完成되는 성成의 해인 2012년에 모든 것을 실제로 완성해야 했다. 즉 합강성 완성에 기본이 되고 토양이 되는 행복나눔125를 기업 문화로 만들어가는 전략이 요구됐다.

이를 위해 그동안 해온 행복나눔125의 기본 활동에 새로운 내용들을 추가했다. 그 출발로 전 직원 100감사쓰기를 시작했다. 100감사 대상은 회사였다. 이를 추진한 것은 회사에 대한 100감사쓰기를 통해 회사에 대한 막연한 생각에서 벗어나 회사에 대해 새로운 인식을 가지고 우리가 하는 일에 의미를 부여하는 충분한 시간을 갖자는 취지였다.

회사에 대한 100감사쓰기 역시 위에서부터 먼저 시작했다. 나와 임원들이 함께 모여 100감사를 썼고, 그 물결은 직원들에게 자연스럽게 번져나가 전 직원들의 동참 하에 회사에 대한 100감사쓰기도 성공적으로 안착되었다.

"옛날 포스콘 시절 경영이 어려워 월급을 반납하고, 긴축 경영을 한 적도 있었습니다. 경영이 호전되면 반드시 돌려주셨나는 약속과 함께, 우리는 열심히 했고 그 약속은 지켜졌습니다. 우리에게 믿음을 준 회사에 감사합니다"라는 100감사가 있었는데, 이처럼 회사에 대한 신뢰가 구축되면 그 회사의 경영 성과는 좋아질 수밖에 없다.

100감사를 쓰면 감사거리가 있어서 감사한 것이 아니라 감사거리를 일부러 찾게 된다. 회사에 대한 불만도 감사를 통해 바라보는 관점이 바뀐다. 즉 내가 회사에 불만을 토로하면 역으로 회사는 나를 어떻게 생각할지 관점을 전환하여 보면 나에게 일터를 제공해 주는 회사가 있음에 감사를 느끼게 된다.

한 직원의 회사에 대한 100감사쓰기를 일부분만 들여다보자.

초기 회사 통합 이후 직원들의 다양성을 인정하고 이를 통합하고 조화롭게 화합하여 감사합니다. 직원들 간의 물리적 통합 이후 화학적 통합을 이끌어 내기 위하여 신뢰의 기반 하에 통합을 이끌어내주셔서 감사합니다. 오케스트라의 지휘자와 같은 리더십으로 다양한 직원들의 니즈를 해결해 주시고 변화를 꾀하게 해주셔서 감사합니다. 합강성의 일관된 계획 하에 매년 달라지는 우리 회사의 모습을 보고 자부심을 느끼게 해주셔서 감사합니다. 연극에 비유하자면 우리 포스코ICT 제1막은 잘 마무리돼가는 듯합니다. 제2막을 새롭게 준비하는 새로운 한해가 될 것이라는 기대에 감사합니다. 우리 ICT의 합강성 계획을 볼 때 무엇인가 목표를 세우고 일관된 계획으로 실행을 하면 반드시 좋은 결과가 있을 것이라는 이치를 깨닫게 해주셔서 감사합니다. 어떤 영화도 혼자 만들 수는 없는 것처럼 우리 ICT의 멋진 모습도 함께 만들어가야 한다는 당연한 진리를 얻게 해주셔서 감사합니다.

직원들은 회사에 대한 100감사를 쓰면서 가족들에게 쓴 100감사쓰기와 마찬가지로 경이로운 체험을 했다. 회사를 다니고 있지만 회사에 대해 잘 몰랐던 부분이 많았고, 회사에 대해 감사할 내용이 없는 줄 알았는데 막상 쓰다 보니 감사거리가 너무 많아 놀랐다. 그러면서 이들은 회사에 대한 의미를 새롭게 부여했고, 이는 동기부여가 되어 더욱더 업무에 몰입할 수 있었다.

회사를 상대로 하는 100감사쓰기가 정착돼가는 것을 보면서 이를 신입사원 채용과 직원들 승진 시에도 활용했다. 삶에서 절실한 순간 100감사를 쓰면 그 효과가 평소보다 월등하다는 것을 알려

100감사쓰기를 하는 직원들과 감사카드들

주기 위해서였다. 학교를 졸업하고 사회에 첫발을 내디뎌야 하는 순간, 직장 생활의 명예가 달려 있는 승진을 눈앞에 둔 순간처럼 절실한 상황이 또 어디 있을까? 절박한 삶의 경계선에서 100감사 쓰기를 행하게 한 것도 모두 시스템 감사를 안착시키기 위해 착안한 것들이었다.

자율적인 감사쓰기가 이루어지다

감사나눔활동의 지속적인 진화와 직원 상담을 담당할 심리 상담사 김정은 씨를 채용했는데, 예상대로 한 사람의 전문적인 열정이 조직의 에너지를 끌어내는 데 큰 역할을 해줬고, 가장 대표적인 것이 '멘탈 파워 프로그램' 도입이었다.

직원들의 심리적인 안정감과 긍정성을 키우기 위한 '멘탈 파워' 프로그램은 3단계로 구성되어 있는데, 1단계에서는 조직 단위로 성격 유형 검사(MBTI)에 참여해 개인별 성격 유형을 분석하고, 그 결과를 서로 공유한다. 2단계에서는 참가자 개인이 자신의 스트레스 정도를 자가 진단을 통해 그 수준을 인식하고, 이를 건강하게 해소하는 방법을 코칭받게 되고, 아울러 감사를 적용한 호흡 명상(MBSR)과 몸을 관리하는 힐링 요가를 체험하게 된다. 마지막 단계에서는 직원 스스로 자신의 강점을 찾아내고, 조직 리더는 이러한 특성에 맞는 업무를 부여해 장점을 발휘할 수 있도록 유도하는 스킬을 습득하는 과정이 운영된다.

이 프로그램은 성공적이었다. "모든 인간관계는 서로 다름을 이해하는 것에서부터 시작되는데 직원 개개인의 성향을 집단 심리 상담을 통해 논리적으로 제시해주면서 서로에 대한 이해가 훨씬 높아진 것 같다. 이러한 과정을 통해 서로간의 신뢰를 높여 직원들의 스트레스도 줄이고 행복한 조직 문화도 만들어갈 수 있었다"라는 심리 상담사의 말처럼 이 프로그램은 직원들의 정서를 잘 관리해줬고, 긍정성도 크게 향상시켰다.

이외에 직책 보임자들이 2012년에는 좀 더 주도적으로 감사나 나눔활동을 하기를 바라면서 매월 임원 주관으로 펀fun 간담회를 열도록 했다. 임원 펀 간담회의 에너지는 거기서 머물지 않고 직원들에게 내려가도록 했다. 운영회의를 할 때는 그룹 리더들이, 오찬 간담회를 할 때는 팀 리더들이 감사나눔 사례를 발표했다. 이는 직책 보임자들이 감사나눔활동을 하는 데 있어서 지속적으로 오너십을 갖는 분위기 조성에 필요한 시스템이었다.

CEO가 주재하는 편 간담회에는 외부 감사 전문가와 임원 가족들이 참여했으며 그 자리에서 부부간 감사쓰기 및 발표로 진한 감동을 느꼈다. 또한 직원 독서 사례 발표 및 공유의 자리도 함께 마련했는데 이를 통해 부인들이 독서에 재미를 느껴 부인 월례 독서 모임으로 발전하는 계기가 되었다.

감사운동 시스템을 진화시키기 위해 미국의 구글 방문에서 보고 온 칭찬 포인트 제도를 벤치마킹했다. 칭찬만큼 사람의 마음을 움직이게 하고, 관계를 돈독히 하는 것은 없었다. 포스코ICT 직원들은 감사하기라는 마음의 훈련이 되어 있었기 때문에 진정성이 있는 칭찬이 가능했다. 칭찬 포인트 제도는 성공을 거두었고, 업무 몰입도를 높였다.

실천 방법은 이랬다. 동료를 칭찬한 내용을 시스템에 올리고 칭찬받은 팀 리더가 승인하면 일정 금액을 지급해주고 공유했다. 그러면 그 직원은 직원들에게 커피를 돌리기도 했고, 집에 피자와 콜라를 사들고 들어가기도 했다. 칭찬이 격려금으로 이어지고 격려금이 작은 선물이 되어 주위를 신바람 나게 하는 칭찬 문화는

행복한 리더가
행복한 일터를 만든다

즐겁고 환한 직장 분위기를 만들어갔다. 가정 또한 일찍 들어오는 아빠로 인해 전보다 더 화목한 시간을 가질 수 있었다.

새로 추가된 활동 말고도 행복나눔의125의 기본 활동으로 매달 열어온 행복나눔125day와 크고 작은 행복나눔 페스티벌은 계속 개최했다. 이 자리에서 부서별 감사 BP(우수 사례, Best Practice)를 끊임없이 공유했고, 봉사와 독서 토론 등의 활동 계획도 발표를 통해 공유했다. 나누고 공유하면 집단의 힘은 그만큼 커지기 때문이다.

매월 감사나눔 릴레이 특강을 정례화했다. 차동엽 신부, 김주환 교수, 김상운 피디, 최일도 목사, 용타 스님 등 다양한 전문 강사를 초청해 감사나눔을 함께했다. 전문가의 지속적인 강의는 이론적으로 무뎌지는 마음 상태를 다잡을 수 있는 좋은 자리였다.

이때 무엇보다 5감사쓰기가 공유되면서 자리를 잡아갔는데, 이와 별도로 직책 보임자들은 나와 회의를 할 때마다 관점의 전환을 위해 회의 시작 전 10개의 테마 감사를 썼다. 구동존이求同存異(차이점을 인정하면서 같은 점을 추구한다)라고, 테마 감사를 쓰면서 직책 보임자들은 서로의 다름을 인정하는 힘을 키워나갔다. 사안을 보고 문제를 해결하는 의견은 다르지만, 모두가 이를 존중하며 협력하는 자세가 중요하다는 것을 배워나갔다.

사내에 정착되고 있는 감사쓰기는 간담회 같은 비공식 모임이나 회식 혹은 생일 축하 자리에서도 감사카드로 이어졌다. 상대방

멘탈 파워 프로그램에 참여한 직원들의 모습

에게 가졌던 평상시의 감정이나 장점을 디테일하게 감사카드에
담아 건네주면 서로의 관계는 친밀해졌고, 소통과 토론을 하는 가
운데 업무상 좋은 결과가 나왔다. 가족이나 고객을 대상으로 한
감사편지도 지속되었다. 감사편지를 받은 경험이 있는 사람도 감
사편지를 써본 경험이 있는 사람도 그 감동을 잊을 수가 없었기
때문이었다.

　이로써 자율적인 감사쓰기는 성공적으로 자리 잡아가고 있었
다. 이제 감사의 휠을 힘겹게 돌리지 않아도 자가발전에 의해 스
스로 감사나눔활동 에너지를 얻게 되었다. 행복나눔125의 '5' 감
사는 혼신의 노력 끝에 이렇게 새로운 궤도를 만들어가고 있었다.

행복한 리더가
행복한 일터를 만든다

감사, 봉사, 독서로
완성된
행복나눔125

　포스코ICT 일과의 시작과 끝은 감사다. 회사에 출근해 감사를 나누는 방송을 들으며 그날의 업무에 맞는 장소로 가게 되면 그 자리에 모인 사람끼리 5감사를 쓰고, 돌아가며 스토리텔링식으로 그 내용을 공유한다. 합리적이고 논리적인 사고에 익숙한 직원들이 감성의 글을 쓰고 나누는 자리가 처음에는 쑥스러웠지만, 이제는 서로 경청하고 덕담을 주고받으며 긍정과 행복의 에너지를 충전하며 하루를 연다.

　이러한 자리가 여전히 익숙지 않아 부담스러워하는 팀을 위해서는 원하는 선에서 전문 심리 상담사가 그 팀을 방문해 감사를 쓰고 나누는 것을 도왔다. 5감사를 넘어 테마 감사쓰기, 동료와 가족 그리고 고객에 대한 감사편지와 감사카드 작성을 통해 적극적인 마음을 전하는 습관을 지속적으로 실천하게 했다. 그 팀의 구성원들은 서서히 감사의 내용에 영혼이 담기기 시작했고, 감사의 마음을 나누면서 끈끈한 정을 갖게 되었다. 이후 이들의 업무는 활기를 띠게 되었다.

출장이나 현장 출근으로 서로 감사를 나누지 못하면 이들은 카톡 등으로 5감사를 동료에게 전했다. 감사나눔이 이들의 일상 속으로 업무 속으로 깊게 스며들었다는 것이다. 행복나눔125의 '5'는 이제 포스코ICT의 브랜드가 되었다.

또 하나의 감사활동, 봉사

여느 때처럼 해오던 봉사 활동은 행복나눔125의 도입으로 더욱 강화됐다. 일반 봉사 활동 개념에서 한 걸음 더 나아가 테마별 기능별 봉사 활동으로 질적 변환을 꾀했다. 다문화 페스티벌을 치른 경험을 바탕으로 다문화 가정에 대한 봉사를 늘려갔고, 소외 계층에 대한 봉사도 계속 확충시켜나갔다. 직원들이 가진 기술을 십분 활용에 그에 맞는 봉사 활동도 해나갔다. 이에 필요한 자금은 감사펀드를 적극 활용했고, 감사펀드 마련은 전 직원의 1퍼센트 기부로 이루어질 수 있었다.

순천 오림마을에서의 전기 수리 봉사 과정에서 있었던 일이다. 이 마을은 순천만이 자랑하는 갈대밭을 연결하는 PRT(person rapid transit, 무인 궤도 택시) 사업 현장이었는데, 마을 주민들이 순천만 궤도 구간을 문제 삼아 민원을 제기하여 사업이 지연되고 있었다. 마을 주민들의 마음이 굳게 닫혀 문제 해결이 안 되고 있었는데, 직원들이 주민들의 마음을 열겠다는 희망을 가지고 마을 이장님께 전기 수리 봉사를 제안했다. 하지만 이장님은 "이봐요, 봉사 활동 다들 형식적으로 하지. 그런 거 안 해줘도 되니 애쓰지 마시오"라면 단칼에 거절했다.

직원들은 좌절하지 않고 수차례 이장님을 방문했고, 결국 봉사 활동 허락을 받아냈다. 직원들은 누전으로 전기 화재 위험이 있는 곳을 살펴보기 위해 농가 구석구석을 답사했고, 두 번에 걸쳐 전기 수리 공사를 해줬다. 그러자 주민들이 반응을 보이기 시작했다. "무수히 많은 기업들이 다녀갔지만 이렇게 열심히 주민들을 위해 진심으로 봉사해준 기업은 처음이야"라며 진심으로 감사를 표시해왔다.

이 봉사 활동은 뜻하지 않은 결과를 가져다줬다. 주민 분들이 문제 삼았던 궤도 구간을 설계대로 추진할 수 있도록 허락한 것이었다. 이로 인해 프로젝트 경비가 절감되고 사업 기간이 단축되며

마을 분들과의 분쟁도 해결되는 결과를 낳았다. 봉사 활동을 통해 보여준 진정성이 주민들에게 잘 전달되어 서로의 오해와 불신을 해소할 수 있었던 의미 있는 시간이었다.

회사의 봉사 활동은 회사라는 울타리를 벗어나 선후배와 동료들이 함께하는 작업이다. 회사 업무를 진행하면서 얻는 것과는 판이하게 다른 종류의 끈끈한 동료애를 느낄 수 있고, 여러 종류의 봉사 활동을 통해 회사 밖의 다양한 세상을 만날 수 있고, 또한 베풂의 희열을 느낄 수 있었다.

독서로 완성된 행복나눔125

봉사 활동과 함께 행복나눔125의 '2'인 독서 토론도 기업 문화로 정착하도록 심혈을 기울였다. 2010년 7월부터 시작한 독서 토론도 감사와 마찬가지로 매월 전문가의 도움을 받아 임원들부터 시작해 물결처럼 번져나가 자리를 잡아갔다.

독서 토론의 가장 큰 수혜자는 나 자신이었다. 업무가 바쁘다는 핑계로 책을 가까이 하지 않았는데, 임원들과 독서 토론을 하는 과정에서 독서의 묘미를 새롭게 알게 되었고, 자투리 시간에 책을 읽는 좋은 습관이 자리 잡게 되었다. 특히 주말이 되면 전과 달리

서점에 가 신간을 유심히 보고는 도움이 될 만한 책들을 읽곤 하는 습관도 새로 생겨났다.

독서 토론이 진행되면서 좀 더 체계적인 독서 토론을 위해 독서경영연구원장인 다이애나 홍을 매월 초청해 독서 코칭을 받았으며, 행복불씨 중 일부를 독서 퍼실리테이터facilitator(촉진자)로 양성해 전 직원의 독서 토론을 활성화시켰다.

독서 토론이 활발해지면 활발해질수록 조직원들의 학습 능력은 신장되었고, 사고력 또한 깊어졌다. 여기에 한 가지를 추가했다. 삼성경제연구소의 SERI CEO에서 제공하는 토론 주제와 어울리는 콘텐츠를 토론 전 공유함으로써 토론의 분위기와 내용을 질적으로 한 단계 끌어올리는 데 큰 기여를 했다.

독서 토론을 통해 얻은 가장 큰 소득은 선배, 후배, 팀장, 임원들이 자유롭게 소통할 수 있게 되었다는 점이다. 하나의 책을 놓고 서로 이해가 어려운 부분은 맥을 짚어가며 의견을 나누고, 서로 다른 견해는 충분한 토론을 통해 재확인하는 과정 속에서 서로의 같음과 다름을 깊이 공유했다. 이때 더 중요한 것은 독서 토론 과정에서 책의 내용에 따라 자연스레 가족 이야기, 자신의 과거 경험담, 참가자의 힘들고 아팠던 이야기들이 공유되면서 서로의 마음을 읽는 자리가 되었다.

직장에서의 독서 토론은 직원들뿐만 아니라 그들의 가족까지 변화를 가져왔다. 술에 취해 늦게 귀가하던 가장이 일찍 집에 들어와 텔레비전을 보지 않고 책을 읽는 모습이 처음에는 낯설었지만, 그 진의를 알고 가족들이 독서에 동참했다. 방이나 거실을 미니 도서관으로 만드는 가정들도 늘어났다. 여기에 힘입어 회사 차원에서 아이들에게 책을 읽어주는 아빠, 즉 '하루 15분 책 읽어주기의 힘' 프로젝트를 진행했다.

독서 토론에 공을 들인 것은 토론에 익숙하지 않는 일상에서 독서 토론이 바탕이 되어 효율적인 업무 토론으로 이어져 창의력을 개발하는 기구로 자리 잡아가기를 기대했다.

이로써 행복나눔125인 봉사, 독서, 감사가 포스코ICT에서 완성되었고, 행복나눔125는 하나의 브랜드가 되었다. 특히 감사에 대한 인식을 바꾸고 감사를 반복적으로 실행하면서 감사를 습관화한 직원들은 부드럽고 너그러워졌으며 늘 남의 이야기를 귀담아듣고 남을 칭찬하는 사람으로 바뀌었다. 이러한 개인의 변화는 부인과 자식에 대한 감사로 가족의 변화를 가져오며 가화만사성을 이루어냈고, 상사와 선후배에 대한 감사로 소통과 협업을 근간으로 하는 인간관계 개선이 이루어져 회사의 업무 능률이 향상되었다.

2010년 4월에 선포한 행복나눔125는 각고의 노력 끝에 2012년 결실을 맺었다. 감사하기로 꾸준히 긍정성 향상에 전력을 기울인 결과 모든 개개인이 자존감을 높였고, 자신이 소중하다는 인식을 더욱 깊게 가지면서 진정한 의미의 주인의식이 생겼다. 사람과 사물을 바라보는 관점을 끊임없이 전환시켜줬던 감사나눔이 있어 이 모든 게 가능했다. 감사는 그만큼 위대한 힘을 가지고 있었다.

　행복나눔125를 창안한 손욱 회장에 의하면, 우리 민족은 단군 시대부터 감사의 유전자를 가지고 있었다. 널리 인간을 이롭게 한다는 홍익인간弘益人間의 정신문화, 삶이 더없이 즐거워야 한다는

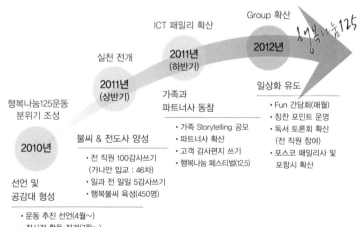

행복나눔125활동 추진 맵

세종대왕의 생생지락生生之樂 등이 모두 감사를 토양으로 하고 있다는 것이다.

이 가운데 성군으로 일컫고 있는 세종대왕이 실천한 생생지락의 현재적 구현이 행복나눔125이다. 지혜로운 국민이 되기 위해 세종처럼 책을 읽고 토론해야 한다는 것이 한 달에 두 번 독서 토론하기로, 행복한 사회를 만들기 위해 백성을 하늘로 섬기며 감사거리를 찾아 진심으로 칭찬을 한 세종의 모습은 하루 다섯 가지 감사쓰기로, 존경받는 나라를 위하여 세종처럼 이웃을 배려하고 나눔을 실천하는 것은 일주일에 한 번 착한 일하기로 구현된 것이다.

세종대왕은 한국의 르네상스 시대를 열면서 백성들에게 행복감을 안겨줬다. 세종대왕의 리더십이 오늘날에 되살아나 국민 모두가 리더가 되어 행복 시대를 열어가는 실천 방법이 행복나눔125이다.

내가 행복해지면 가정이 행복해지고 동료와의 인간관계가 좋아진다. 다음으로 조직은 집중도가 향상되어 성과가 나고 구성원은 행복진다. 이렇듯 순환의 행복을 열어가는 주체인 우리 모두가 이 시대의 리더임을 인식하고 한 편의 시를 음미하며 저 푸르른 담쟁이처럼 희망의 나라로 나아가자.

행복한 리더가
행복한 일터를 만든다

담쟁이

저것은 벽
어쩔 수 없는 벽이라고 우리가 느낄 때
그때
담쟁이는 말없이 그 벽을 오른다
물 한 방울 없고 씨앗 한 톨 살아남을 수 없는
저것은 절망의 벽이라고 말할 때
담쟁이는 서두르지 않고 앞으로 나아간다
한 뼘이라도 꼭 여럿이 함께 손을 잡고 올라간다
푸르게 절망을 다 덮을 때까지
바로 그 절망을 잡고 놓지 않는다
저것은 넘을 수 없는 벽이라고 고개를 떨구고 있을 때
담쟁이 잎 하나는 담쟁이 잎 수천 개를 이끌고
결국 그 벽을 넘는다

세종 시대의 국가 경영과 행복나눔125

신바람 나고 행복했던 세종 시대

첫째, 지혜로운 국민

- 경연, 토론 문화, 갑인자, 《훈민정음》, 《삼강행실도》
- 《농사직설》, 《육전》

둘째, 행복한 사회

- 생업을 즐기는 사회, 말하면 들어주는 문화
- 시인발정施仁發政, 여민정치, 강점 경영, 법과 질서

셋째, 존경받는 국가

- 자주 자립의 정신문화, 첨단 과학 기술
- 경제력과 국방력, 선린 외교

세종이 꿈꾸었던 생생지락生生之樂은 生(생활)과 生(생업, 직업)이 樂(즐거움)을 가져오는 세상이다. 이를 구현하는 3대 축을 오늘에 재현하고자 한다.

행복나눔125란?

행복한 나 → 행복한 가정 → 행복한 일터 → 행복한 사회

"신바람 나는 행복한 세상"

행복나눔125

나눔
존경받는 나라
일상의 선행을 통한
나눔과 배려 문화 형성

1주 1선행

1월 2독서

토론
지혜로운 국민
독서, 토론을 통한
창의와 소통 문화 형성

1일 5감사

감사
행복한 사회
감사나눔을 통한
행복 문화 형성

3

감사와 치열함으로
일군 한국형 경영

감사나눔이
어떻게 기업 성과로
연계되는가?

감사나눔을 기업 문화로 도입해 자율적으로 시행하는 동안 사내 임직원은 물론 외부로부터 가장 많이 받은 질문은 "회사에서 왜 감사활동을 합니까?"라는 것이었다.

그럴 때마다 나는 이렇게 말했다.

"감사는 어느 회사에나 있는 기업 문화의 한 형태입니다. 좋은 기업 문화는 조직 구성원들의 인성을 긍정적으로 바꾸어 좋은 성과를 낼 수 있습니다. 즉 감사나눔은 나무들이 자랄 수 있는 비옥한 토양을 조성하는 활동으로 회사 경영의 기본입니다."

다음으로 많이 받은 질문은 "감사나눔이 어떻게 기업 성과로 연계되는가?"라는 것이었다.

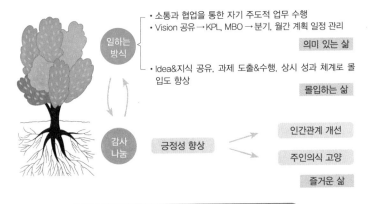

감사나눔이 어떻게 기업 성과로 연계되는가?(감사경영)

일하는
방식
- 소통과 협업을 통한 자기 주도적 업무 수행
- Vision 공유 → KPL, MBO → 분기, 월간 계획 일정 관리

의미 있는 삶

- Idea&지식 공유, 과제 도출&수행, 상시 성과 체계로 몰입도 향상

몰입하는 삶

감사
나눔

긍정성 향상

인간관계 개선

주인의식 고양

즐거운 삶

경영 성과(기업 문화)=감사나눔×일하는 방식

그런 질문에는 그림을 보여주며 다음과 같이 설명한다.

"저성장, 저수익 그리고 불확실성이 커지며 경쟁이 치열한 기업 환경에서는 직원이 행복해야 기업이 성과가 나는 세상으로 바뀌었습니다. 따라서 직원이 행복하기 위해서 긍정심리학에서는 즐거운 삶, 의미 있는 삶, 몰입하는 삶을 살아가고 추구하는 Optimist(낙관주의자)가 되어야 한다고 합니다.

먼저 즐거운 삶은 감사나눔을 통한 일상에 감사거리를 찾는 긍정성 향상이 인간관계 개선과 주인의식 고양으로 연계되며, 마치 나무를 잘 키우는 토양을 비옥하게 하는 것으로 비유할 수 있지요.

행복한 리더가
행복한 일터를 만든다

다음으로 의미 있는 삶은 조직에서 소통과 협업을 통하여 조직의 목표를 공유하고 본인 목표와 계획들을 수립하며 자기 주도로 하루의 일정 관리를 하며 즐겁게 일하는 것으로 나무의 뿌리와 줄기와 가지에 해당된다고 비유할 수 있지요.

마지막으로 몰입하는 삶은 지식을 공유하여 업무 수행 중 이슈가 되는 부분들을 과제화하여 집중하고 성과로 도출하여 올바른 평가와 보상을 받는 것으로 나무에서 열매를 맺어 추수하는 과정으로 비유할 수 있습니다.

여기에서 의미 있는 삶과 몰입하는 삶은 기업에서는 특성에 맞게 효율적인 일하는 방식으로 자리 잡아가고 있습니다."

이렇게 하여 일하는 방식과 감사나눔 각각이 회사의 기업 문화로 정착되면 이 둘은 단순한 더하기가 아니라 곱하기 아니 그 이상의 시너지를 낼 수 있다는 것이다. 즉 긍정의 힘은 무한한 창의성으로 작용하기 때문이다.

《우리는 천국으로 출근한다》를 쓴 한미글로벌 김종훈 회장은 오랫동안 '행복한 일터(GWP: Great Work Place)' 만들기에 주력했다. 하지만 감사가 바탕이 되지 않은 행복한 일터에 한계를 느껴 최근 감사경영을 도입했다. 김 회장은 "저는 포스코ICT에서 감사나눔 운동을 함으로써 조직의 안정과 많은 성과를 창출하고 있어 관심을 가져왔습니다. 이 운동이 포스코 그룹 전체와 포항시, 군대 등으로 확장되면서 더욱더 관심이 많아졌습니다. 여러 번의 실무 검토와 조직 문화 T/F 회의 결과 우리 회사에도 본격적으로 감사경영을 해보자는 데 결론이 났습니다"라고 선언하며 감사경영을 실시하고 있다.

한국형 GWP의 완성은 어느 기업이나 꿈꾸고 있다. 이를 감사경영으로 포스코ICT가 처음 해냈다. 사실 각 기업마다 생산 품목이 다르고 환경과 조건이 분명 다르다. 그에 따라 추구하는 기업 가치와 기업 문화는 엄연한 차이가 있을 것이다. 하지만 공통적으로 행복한 일터에 대한 열망은 모두가 지니고 있다. 서로 다른 위치에 있다고 하더라고 감사경영 도입을 통해 '행복한 일터 만들기'에 대한 도전을 권유하고 싶다.

미국 사회는 '감사'의 표현이 우리 사회보다 훨씬 더 자연스럽고 일상화되어 있다. 물론 미국 땅과 한국 땅에서 잘 자라는 작목이 다르겠지만 감사의 표현은 국적을 초월한다. 우리는 그것을 미처 깨닫지 못했다. 포스코ICT는 나름 한국 땅에 맞는 '감사나눔'이라는 토양을 열심히 만들었다. 비옥한 토양에서 자란 긍정성이 한국형 GWP를 탄생시켰다

그럼 한국형 GWP의 모델이 될 수도 있는 포스코ICT에서 기업 성과를 올리기 위해 도입한 일하는 방식을 이제부터 구체적으로 소개해보겠다.

일하는
공간의 혁신,
스마트 오피스

2010년 두 회사를 통합하기는 했지만, 2011년 4월까지 포스코 ICT 직원들은 분당 서현동 사옥과 미래에셋빌딩, 강남 포스타워 등에 흩어져 일하고 있어 업무의 효율을 도모하기가 쉽지는 않았다. 다행히 그해 5월 모두 판교 신사옥으로 이전하게 되면서 새로운 사무환경을 조성할 수 있었다.

그 무렵 포스코에서는 대단한 실험을 하고 있었다. '스마트 포스코'를 강조했고, 이를 위한 혁신 가운데 하나로 하드웨어로 불리는 사무 환경의 개선을 언급했다. 그 모델이 2011년 2월 서울 대치동 포스코센터 24층 인재혁신실에서 선보였다. 그곳을 스마트 오피스로 바꾸었고, 몇 달의 실험 과정을 거쳐 장단점을 파악한

다음 전 사무실로 확산시킬 계획을 가지고 있었다.

판교로 신사옥을 지어 이전을 앞두고 있다는 점에서 포스코ICT의 스마트 오피스는 포스코를 벤치마킹하며 더 나은 사무 환경을 구현하고자 하였다.

스마트 오피스는 단순한 공간 구조의 변경이 아니라 일하는 방식의 혁신을 완성하기 위한 것이다. 즉 업무 몰입도를 높일 수 있는 환경을 만드는 것인데, 이를 위해서 IT 신기술과 프로세스를 접목하여 구체화하였다.

포스코ICT 스마트 오피스의 특징을 꼽자면 3무無라고 할 수 있다. 고정된 개인별 책상이 없고, 유선 전화기가 책상에 없고, 프린터기는 거의 찾기가 힘들 정도다. 이런 사무실은 연말에 책상을 정리할 필요도 없고, 조직 개편 때마다 행해지는 파티션 정리도 필요 없고, 산더미처럼 쌓이는 파지를 담은 쓰레기통도 필요 없다. 이처럼 경직된 분위기가 소프트하게 바뀌게 되면서 모든 직원들의 업무 몰입도는 더욱 증가하게 되었다.

이해를 돕기 위해 최초의 여성 임원이 된 박미화 상무보의 스마트 오피스에 대한 감사 내용을 들여다보자.

포스코ICT의 출근길은 항상 신선한 긴장감과 새로움이 있습니다. 출근 시간 엘리베이터에서 딱히 눈 둘 데가 없을 때 디스플레이를 보면 행복과 감사에 대한 글귀들과 유머를 접하게 됩니다. 10층으로 올라가는 시간이 짧게 느껴질 정도로 매일매일 맘에 쏙 와 닿는 시와 같은 글들을 보면 맘의 스펀지가 조금 더 폭신해지면서 미소를 짓게 됩니다. 감사드립니다.

포스코ICT가 판교 사옥으로 이사 온 지 2년째입니다. 스마트 빌딩의 랜드마크랍니다. 조금 더 층수가 높고 웅장할 수도 있었는데 근처 비행장 덕분에 10층짜리 아담한 유리 건물입니다. 스마트 빌딩이라는 이름에 걸맞게 곳곳에 신선함이 묻어 있어 매일 보물찾기를 하는 느낌입니다. 이 또한 감사합니다.

처음에 판교 사옥에 입주해서 제일 놀란 것은 층층마다의 카페였습니다. 촌스럽다고 할까 봐 표는 내지 않았지만 사무실 내의 싱크대나 냉장고는 원래 안 보이는 곳에 살짝 있는 거였는데 직원들이 언제든지 원두커피를 내려먹고 자연스럽게 환담을 하며 야근을 하면서 야식을 먹을 수 있는 공간이 시내의 어느 카페 못지 않는 수준으로 층층마다 있다는 것은 상상 밖이었습니다. 외부에서 손님이 오면 아주 자랑스럽게 안내하는 곳입니다. 감사합니다.

포스코ICT의 계단은 등산을 따로 할 필요가 없는 운동과 사색의 공간입니다. 계단을 오를 때 보이는 벽면의 그림들은 하나같이 뜻이 있고 맘을 아주 편안하게 해줍니다. 특히 층층마다의 출입문 옆에는 여기까지 오르면 당신은 몇 칼로리가 소모되었다는 표시가 있는

데 동기부여가 많이 됩니다. 하이힐을 신고 올 때면 맨발로 10층까지 오르곤 합니다. 세심한 배려가 묻어 있는 재미있는 이 공간에 감사드립니다.

아침 일찍 출근하면 노트북을 켜고 구동될 동안 10층 북카페에 갑니다. 동료들을 위해 원두커피 기기에 원두를 한 숟가락 연하게 넣고 정수기에 물을 받아 커피를 내립니다. 한 5분 정도 기다리면 커피 향이 퍼지고 한 잔 가득 받아 자리에 앉으면서 하루를 시작합니다. 동료들이 제가 내린 커피에 감사하며 커피 한 잔을 받아갑니다. 이런 일상에 감사드립니다.

포스코ICT의 사무 공간은 획일적이지 않고 컬러풀하며 매우 밝은 스타일입니다. 포스코ICT만의 스타일입니다. 변동 좌석제라 예약하면 어디든지 앉을 수 있는데 층을 옮겨 다니지는 않습니다. 사무실은 서류로 가득 찬 딱딱한 공간이라는 선입관을 과감히 버릴 수 있게 해주셔서 감사합니다.

업무를 하다가 지치거나 아이디어가 필요할 때 10층 창문 넘어 펼쳐지는 풍경을 한참 바라봅니다. 금토천이 흐르고 주변에 빌딩들이 지어지고 있습니다. 이 자리에서 이런 모습들을 지켜볼 수 있다는 것에 새삼 감사하며 다시금 제 자신을 가다듬습니다. 이런 일상에도 감사드립니다.

포스코ICT는 종이가 돌아다니지 않습니다. 전 직원이 스마트폰으로 언제 어디서든 업무를 볼 수 있고, 직책 보임자들은 수첩 대신 태블릿 PC로 업무 보고를 받고 업무를 보고합니다. 예전에 영화에서나 볼 수 있었던 첨단 모바일 오피스가 포스코ICT에서는 자연스러운 스타일입니다. 업무 스타일을 스마트하게 바꾸어주셔서 감사합니다.

포스코ICT의 숨어 있는 낙원 포레카에 가면 '아! 이 정도는 되어야 직원들의 창의 활동을 지원하는 회사구나' 하지 싶을 정도로 설렘이 있습니다. 업무에 바빠서 자주 가보지는 못하지만 이웃 부서와의 자연스러운 커뮤니케이션이 필요할 때, 생일 직원 축하가 필요할 때, 열심히 일하고 머리 식히고 싶을 때, 화끈한 브레인스토밍이 필요할 때는 정말 필요한 공간입니다. 포스코ICT의 자랑거리로 만들어주셔서 감사합니다.

판교에 구현한 스마트 오피스로 업무 환경 개선과 함께 사무용품비도 크게 절감할 수 있었다. 변동 좌석제라 전 직원 숫자만큼의 책상과 유선전화가 필요하지 않았고, 클린 데스크Clean Desk로 책상 크기가 작아도 되었고, 프린트기 숫자도 대폭 줄였다. 이처럼 사무 공간을 축소할 수 있어 직원들의 업무 협업 및 휴식 공간을 확보할 수 있었다.

처음 두세 달은 직원들이 힘들어했지만, 적응 기간이 지나자 스마트 오피스를 오히려 좋아했고, 업무 효율도 날로 눈에 띄게 늘

판교 사옥에 만든 스마트 오피스의 모습. 포스코ICT의 스마트 오피스는
이제 수많은 기업의 벤치마킹 대상이 되고 있다.

어났다. 하지만 무엇보다 중요한 사실은 스마트 오피스 적응을 통해 모두가 판교 사무실을 진정한 의미의 스마트 스페이스로 만들어가고 있었던 것이다. 이는 또한 포스코가 추구해온 신뢰와 소통, 혁신과 시너지가 어우러진 스마트한 경영 시스템을 확립하려는 동動의 혁신이 이루어지는 것이어서 그 의미가 남달랐다.

포스코ICT의 스마트 오피스는 이제 수많은 기업의 벤치마킹 대상이 되고 있다. 일하는 업무 환경의 혁신을 통해 일하는 방식을 끊임없이 혁신시켜나갈 수 있는 스마트 오피스는 분명 미래의 사무실 모습으로 거듭날 것이다.

제대로 된
계획으로
빈틈없이 일하라

설비 중심인 광양제철소에서 사람과 프로젝트 중심인 포스코 ICT로 자리를 옮긴 후 가장 중점을 둔 것은 일하는 방식을 혁신시키기 위한 노력이었다. 이를 위해 조직과 개인의 업무를 투명하고 명확하게 한눈에 볼 수 있게 하는 것, 이른바 업무 계획의 가시화인 VP를 도입했다. VP는 조직과 구성원들이 해야 할 일을 월간, 주간 단위로 촘촘히 작성하고, 실행과 그 결과에 대한 피드백까지 연결시키는 혁신 프로그램이다.

모든 일에는 계획 수립이 중요하다. 가까운 산을 찾을 때는 특별한 계획이나 준비 없이 오르면 되겠지만, 1,000미터가 넘는 산을 오르기 위해서는 여러 가지 계획과 준비가 필요하기 마련이다. 일도 마찬가지다. 주도면밀한 계획이 필요하고, 그 일도 우선순위에 따라 함께 실행해야만 한다. 이러한 계획과 업무의 우선순위를 토론을 통해 정하고, 그 결과를 공유하고, 피드백을 주는 툴이 VP이다.

솔선수범의 자세로 매달 월말이 되면 나는 다음 달 월간 업무 계획서인 CEO VP를 스태프와 협의하여 작성한다. CEO가 다음 한 달 동안 무슨 일을 할지, 어떤 사안을 중점적으로 처리할지, 새롭게 등장한 이슈와 과제는 무엇인지, 이러한 것들에 대해 아주 구체적으로 작성한다.

임원들은 CEO의 VP를 참고하여 자신의 월간 VP를 작성한다. CEO가 이번 달에 어떤 일에 중점을 둘지를 파악한 다음 자신이 맡은 조직의 업무 계획을 그룹장과 협의를 거쳐 주도적으로 작성한다. 임원들의 VP가 완성되면 매월 초 한 시간 반 전후로 담당 그룹장들이 배석한 가운데 작성한 계획에 대해 CEO와 함께 토론하는 시간을 갖는다. 계획을 공유하고 조정하고 승인하는 절차를 거치게 되는 것이다. 이런 과정을 거치면 한 달 동안 CEO인 나는 임원들로부터 별도의 보고를 시간을 내서 받을 필요가 없다. 이미 서로의 머릿속에서 업무 계획들이 공유되어 있기에 별도 보고는 필요치 않고 진행 과정에 이슈가 발생하면 사안의 중요도에 따라 협의하면 되기 때문이다.

CEO와 임원의 업무 계획이 결정되었다면 이제는 직원들과 공

업무 계획의 가시화인 VP에 참여하고 있는 직원들의 모습

유하고, 직원들도 자기 주도로 어떠한 업무를 추진할 것인지, 즉 자신들의 VP를 가능한 구체적으로 작성한다. 이처럼 VP는 상사의 업무 계획을 참고하여 자기 주도적으로 자기 계획을 짜는데 그것으로 끝나는 것이 아니다. 서로 토론으로 내용을 공유하고 조정하는 과정이 남아 있다.

이러한 과정을 통해 경영층의 계획이 팀 단위로 내려가게 되면서 모두의 업무 계획이 구체화되고 실행력을 얻게 된다. 또한 현장의 중요한 일들이 VP 작성 과정에서 경영진의 계획에 포함되기 때문에 모든 업무에 대해 전사적으로 대응할 수 있는 체제가 마련된다. 즉 쌍방향 소통과 협업이 가능하게 되는 것이다.

모든 계획은 실행을 잘 하기 위한 사전 단계의 일이다. 그래서 중요한 것은 계획을 얼마만큼 제대로 실행했는지 반드시 리뷰를 하고 결과에 대한 피드백을 주는 과정이 필요하다. 이를 위해 월말이 되면 모두 각자의 VP를 놓고 자신들의 업무 실적에 대한 평가를 한다. 이때 역시 마찬가지로 쌍방향 소통 방식이 적용된다. 업무 수행을 제대로 했는지, 어떤 부분에서 미진하고 소홀했는지, 꼼꼼히 리뷰를 하면서 보완할 것은 다음 달 계획에 반영한다.

포스코ICT의 VP는 진화했다

광양제철소에서 이미 VP를 시행한 경험이 있어 이를 포스코ICT에서 적극 추진했다. 이 분야에 자신감이 있었기 때문이었다. 광양제철소 소장 시절, LG전자 남용 부회장을 비롯한 유수 기업의 경영진이 광양제철소를 방문한 적이 있었다. 우리가 시행하고 있던 VP가 회사 경영전략과 목표의 공유와 하부 조직으로 전파가 잘되어 각자의 할 일이 구체화되어 있다는 평가를 받고 있어서 이에 포인트를 두고 벤치마킹하고자 찾아왔던 것이다. 특히 VP 활동이 본인 주도의 업무 수행을 가져오면서 경영 성과로 이어지자, 광양제철소의 혁신 사례가 벤치마킹의 대상이 되었던 것이다.

광양제철소의 경험을 토대로 포스코ICT에 와서 처음 VP를 시행할 때 직원들은 혼란을 겪었다. VP는 팀 리더와 팀원들만 하는 것으로 그들은 인식하고 있었다. 그래서 나는 사무실 구석구석을 다니며 VP는 톱의 계획이 직원들에게 내려가고 직원들의 의견이 계획에 반영되는 과정에서 서로 소통하고 토론을 하면서 직원들 계획이 일정 관리를 통해 실행되는 것임을 강조했다.

VP를 시행하는 과정에서 나는 광양제철소와 포스코ICT는 업무 환경이 다른 것에 주목하면서 VP를 더 진화시키기로 했다. 설비 중심의 제철소 업무는 장치 산업으로 생산 계획을 중심으로 수행하기 때문에 일정 기간 업무가 비교적 큰 변화 없이 움직인다. 하지만 사람 중심의 포스코ICT는 프로젝트를 수주하는 형태이기 때문에 업무 내용 또한 수시로 바뀐다. 이러한 기존의 VP는 재무적 관점에서만 VP를 실행하니 눈에 보이는 성과에만 충실했다.

이를 보완하기 위해 나는 BSC(Balanced Score Card, 균형 성과 기록표) 관점에서 VP를 시행하도록 보완했다. 즉 기존 재무적 관점에 고객과 프로세스, 소통, 학습과 성장 관점을 추가해 VP를 작성하도록 했다. 이러한 점이 사람 중심의 업무 환경에 맞는 일하는 방식이라고 생각했다. 포스코ICT는 변화하는 환경에 따라 직원들이 역량을 지속적으로 끌어올려야만 성공 가능성이 높은 IT 업종이기에 BSC-VP로 몰입하는 환경을 만들어야 했기 때문이다.

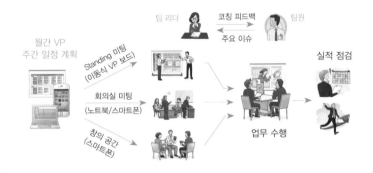

VP는 외부 기업에서도 도입하여 성공을 거두었다. 매일 출근하자마자 지휘자를 모시고 30여 분 동안 함께 노래를 한 뒤 가까운 직원에게 감사의 메시지를 전하는 등 감사나눔활동을 생활화하고 있는 반도체 중견 기업인 네패스이다. 이 회사의 이병구 회장은 한 모임에서 내게 "감사나눔이 어떻게 기업 성과로 연계될 수 있나요?"라며 질문을 건네왔고, 그 자리에서 이 회장에게 VP를 소개했다. 얼마 뒤 이 회장은 포스코ICT를 방문해 VP 활동을 직접 눈으로 본 뒤 공명을 받고는 VP를 적극 도입해 시행했다. 2013년에는

행복한 리더가
행복한 일터를 만든다

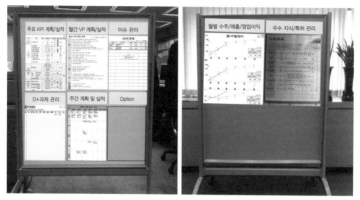

앞면　　　　　　　　　　뒷면

포스코ICT에서 운영한 이동식 보드

자신들의 10대 뉴스 중 가장 첫 번째로 VP 제도를 도입한 것을 선정했을 정도로 VP 시행이 회사에 큰 변화를 가져왔다고 한다.

　VP는 리더가 소통과 배려의 마인드로 운영하여야 한다. 즉 감사로 동료에게 늘 관심을 가지고 배려하는 조직의 분위기가 조성되었기 때문에 VP는 포스코ICT에 안정적으로 자리를 잡았고, 지속적으로 진화해나갈 것이라고 확신한다.

VP(Visual Planning)란?

VP는 포스코에서 시작된 업무 가시화. 즉 개인 및 조직의 업무 노력을 한눈에 볼 수 있도록 함으로써 효율을 높이는 관리 방식이다.

어떻게
높은 성과를
낼 것인가?

VP가 정착되면서 업무 실행력이 높아졌다. 하지만 일상 업무를 추진하는 데 있어서 발생하는 크고 작은 이슈, 즉 일상 업무를 통해서 해결되지 않는 문제점들이 곳곳에서 발생하고 있었다. 이 부분에 대한 문제 해결을 위해 포스코의 일하는 방식을 포스코ICT 실정에 맞게 적용했다.

먼저 이슈들의 목록을 작성하고 이를 과제화했다. 업무 계획이 중요하듯이 어떠한 것을 과제화하느냐도 중요했기 때문에 분기별로 회사 내부와 외부에서 와글와글 토론회라는 이름으로 워크숍이 시행되었다. 이 자리는 어떠한 과제를 선정하고, 과제를 수행하는 데 있어서 누가 가장 적임자인지를 인선하고, 과제 수행을 위

행복한 리더가
행복한 일터를 만든다

한 구체적인 목표를 도전적인 자세로 정하는 게 핵심이었다. 과제의 중요성에 따라 리더들이 과제 오너가 되기도 하지만 대부분 업무 담당자가 맡기도 했다.

이러한 업무 절차를 통해 모든 직원들이 분기별로 한 가지 이상의 과제를 수행하는 체계가 갖춰지기 시작했다. 대부분의 과제는 현재 맡은 업무를 수행하면서 가능한 분기별 과제를 진행하고, 아주 중요하고 규모가 큰 과제의 경우에는 업무에서 잠시 벗어나서 과제에만 집중할 수 있는 여건을 만들어줬다. 이러한 절차를 통해 일상 업무로 풀리지 않는 난제들이 하나씩 해결되기 시작했고, 그만큼 성과는 올라가고 있었다.

어떠한 과제를 수행할 것인가에 대한 과제 선정도 중요하지만, 과제의 실행력을 높이기 위한 측면에서 진행 관리도 중요한 부분이다. 이러한 차원에서 CoP를 도입했다. CoP는 'Community of Practice'로 학습 동아리가 과제 관리로 진화된 형태로 이해하면 될 것 같다. 각 과제별로 CoP를 온라인상에 개설해 과제의 과정과 발생한 모든 이슈들을 등록하도록 했다. 이때 과제 리더와 과제 팀원들이 수시로 아이디어를 내고, 개선점을 찾는 활동들을 CoP 상에서 활발하게 이루어지도록 했다.

집단 지성의 힘을 빌려 과제를 수행하는 과정에서 가장 중요한 역할을 하는 것이 직책 보임자들이다. 이들은 수시로 CoP에 접속해 과제의 수행 방향이 올바르게 설정되어 있는지, 진행은 제대로 되고 있는지, 끊임없이 코칭하고 피드백을 주도록 했다. 이처럼 CoP를 통한 리더들의 코칭 활동인 CAO(CoP Action Observation) 활동을 통해 과제에 대한 진행 관리를 하면서 동시에 성과로 연계될 수 있도록 했다.

CoP에 쌓인 아이디어와 과제를 수행 후 만들어지는 산출물들은 훌륭한 지식 자산이 되었다. 이러한 지식은 분야별로 전문 평가단을 운영하여 검증 후 가치 있는 것에 대해서는 지식 자산으로 등록하게 했다. 이러한 활동들이 하나의 사이클처럼 선순환 구조를 이루자 포스코ICT에는 과제 CoP 이외에도 부서별로 업무 효율성을 높이고 소통을 하기 위한 부서 CoP, 각자의 관심 있는 분야를 학습하기 위한 역량 개발 CoP까지 다양한 CoP들이 개설되어 운영되기 시작했다.

2010년 VP 정착에 이어 2011년 CoP가 정착되면서 직원들에게 지식 근로자라는 자긍심을 심어줄 수 있었고, 지식을 모으고 나누고 발전시키는 이러한 방식은 얼마 뒤 사업 고도화 전략을 마련하는 데 큰 기여를 했다.

CoP를 통한 과제 수행

매 분기 전원이 참여하는 계층별 조직 단위 워크숍을 통해 개선 과제 도출

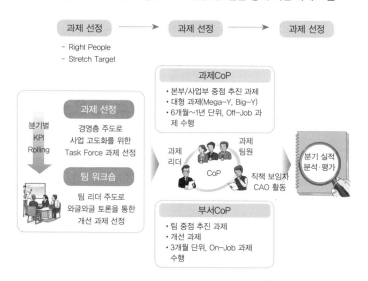

CoP(Community of Practice)란?

CoP는 1991년에 출간된 진 레이브Jean Lave와 에티엔 벵거Etienne Wenger 공저인 《상황 학습Situated Learning》에서 처음 등장한 용어로 KM(Knowledge Management, 지식 경영) 시스템에서 발전된 학습 조직인데, 시스템보다 사람과 학습에 주안점을 두고 있다.

상시 평가로
업무 몰입도를
높여라

　일하는 방식을 끊임없이 혁신시키는 가장 중요한 목적은 조직 구성원들이 목표와 가치 있는 일에 역량을 집중하게 하여 성과를 내고 회사의 경쟁력을 끌어올리기 위해서다.

　와글와글 토론을 통해 과제를 발굴하고, CoP를 통해 진행 관리를 하는 활동이 자리를 잡기 시작하는 시점에 이를 더욱 발전시키고 활동에 스피드를 내기 위해 상시 성과 관리 제도의 도입을 검토하기 시작했다.

　평가라는 것은 소통과 실행력을 높일 수 있는 고도의 관리 수단이다. 대부분의 기업들이 연간 단위로 평가를 하고 있었는데 이는 직원들에게 연간 단위로 업무 성과에 대해 피드백을 주는 것이다.

하지만 분기 단위로 평가를 하면 직원들에게 분기 단위로 피드백을 줄 수 있기 때문에 그만큼 동기 유발이 되고 스피드가 올라가는 것은 자명했다.

2012년만 해도 분기 단위 상시 성과 관리 제도를 도입한 기업은 없었지만, 나는 주저하지 않고 진행시켰다. 사실 2010년 VP 정착, 2011년 CoP 정착을 통해 마지막 단계라고 할 수 있는 상시 평가에 대한 자신감도 가지고 있었기 때문이었다.

그때 나는 분기별 평가를 도입하여 빠르게 변화하는 IT업계를 주도하고 있는 미국의 구글을 떠올렸다. 2011년 직접 방문한 적이 있던 구글은 분기별 평가로 늘 신속한 피드백이 이루어졌는데, 이는 직원들의 업무 몰입도를 높이는 데 결정적 기여를 했다. 따라서 포스코ICT와 업무 성격이 유사한 구글을 벤치마킹하는 데 주저함이 없었고, 그렇게 상시 성과 제도를 전략적으로 도입해 기존 1년 단위의 평가 주기를 분기별로 적용하는 방안을 추진했다.

새로운 시스템을 추진하는 데 있어서 고민도 있었다. 분기별 평가에 따른 업무 부하를 어떻게 해소하느냐 하는 것이었다. 즉 평가 자체가 업무가 되도록 일하는 방식에 대한 인식 전환이 필요했다.

공정한 평가로 업무 몰입도가 증가

포스코ICT의 상시 평가는 절대평가가 아닌 상대평가를 기반으로 설계됐다. 그렇기 때문에 팀원들이 공감할 수 있는 평가가 될 수 있도록 팀장들은 평상시 공유를 통해 열린 자세로 업무를 추진했다. 또한 직원의 최종 평가자인 그룹 리더는 팀별로 밸런스를 조정하는 역할을 수행하며 팀장간 협의를 거쳐 최종 평가를 마무리했다.

이러한 기존의 시스템을 토대로 직원들은 각 조직 실정에 맞는 평가 기준인 그라운드 룰Ground Rule을 적용해 서로가 납득할 수 있는 합리적인 운영 방식을 스스로 만들어냈다. 서로가 토론과 협의를 통해 마련된 평가 기준인 만큼 평가가 잘못되었다고 불평을 할 수가 없었고, 분기 평가이기 때문에 평가가 안 좋게 나오면 '다음에 잘하면 되지'라는 각오를 다지게 되어 업무 효율로 이어졌다.

평가 내용은 일상 업무와 개선(과제) 업무가 반반이었다. 평가의 우열은 일상 업무에서는 별 차이가 없었으나 과제 업무에서 결정되었다. 따라서 성과와 연계되는 좋은 과제를 선정하지 않으면 좋은 평가가 나오지 않는다는 것을 인식한 직원들은 좋은 과제를 찾기 위한 노력에 집중했고, 나는 그들의 눈에서 열기를 느낄 수 있었다. 즉 종전에는 달성하기 쉬운 과제를 선정했으나 이제는 성과와 연계되는 좋은 과제를 선정하고 성과를 내기 위해 몰입하는 자세 변화가 돋보였다.

평가가 끝나고 나면 반드시 평가 결과에 따른 피드백을 실시하였다.

피드백 충실도는 2011년 80퍼센트에서 2012년 91퍼센트로 상승했다. 이는 피드백 시 평가자가 왜 그렇게 평가를 했는지 향후 어떤 점을 보완하면 좋을지 하는 코칭이 제대로 이루어진 것이다.

평가 수용도 또한 2011년 70퍼센트에서 2012년 87퍼센트로 크게 올랐다. 이는 평가가 구체적 실적에 근거해 정확히 이루어졌다는 것이다. 즉 평가에 불만을 갖거나 이의를 제기하는 사람이 점

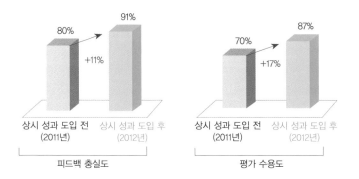

포스코ITC에 대한 평가 설문 결과

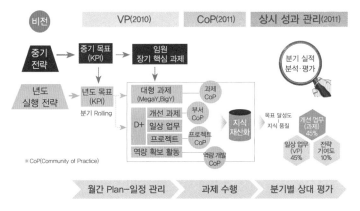

차 줄어들었다는 것이다. 또 하나, 상대평가의 난점에도 불구하고 큰 후유증 없이 이처럼 수용도가 높아졌다는 것은 역시 서로를 인정하고 존중하는 힘을 길러준 감사 덕분이었다.

간절한 심정으로 실시한 국내 최초의 분기 단위 상시 성과 관리 제도는 성과를 거두었다. 무엇보다 상시 성과 제도의 도입으로 가장 크게 달라진 업무 프로세스는 일상의 업무를 소홀히 하지 않으면서도 회사 성장의 주요 동력인 새로운 개선 업무에 중점을 두며 업무를 해나갔다는 것이다. 즉 상시 성과 제도는 가능한 분기 단위별 과제 중심으로 업무를 추진하는 일하는 방식으로 업무 몰입도 증가에 큰 역할을 했다.

2010년 VP, 2011년 CoP, 이를 완성하기 위해 도입한 상시 성과

행복한 리더가
행복한 일터를 만든다

제도. 이러한 일하는 방식이 성공할 수 있었던 것은 감사나눔활동으로 다져진 긍정성이 기반이 되었기 때문에 가능했다. 높은 긍정성이 새로운 제도에 대한 수용도를 높여줬기 때문이었다.

위기가 만들어낸
포스코 ICT
성공 사례

    감사나눔을 기업 문화로 정착시키면서 그 위에 새롭게 도입한 일하는 방식을 결합시켜 기업 경영을 한 결과 포스코ICT는 통합 3년 만에 좋은 결과를 얻었다. 회사 곳곳에서 많은 변화가 있었지만, 대표적으로 두 가지 사례만 소개해보겠다.

    2008년 7월 포스코는 제철소에서 발생하는 배기가스에 포함된 유해 물질을 제거할 수 있는 원천 기술을 개발했고, 포스코ICT는 이 원천 기술을 상용화하는 프로젝트를 주도적으로 추진했으나 성과가 저조했다. 플라즈마 청정 사업이라 불리는 이 과정에서 기술적인 문제점을 극복하지 못해 급기야는 사업을 접어야 할지도 모르는 상황에 직면했다. 구성원들은 의욕과 자신감을 잃었고, 외

행복한 리더가
행복한 일터를 만든다

부 참여 기업과 서로 책임을 전가하며 불신이 고조되는 등 후유증이 심각했다.

2011년 10월 이승주 전무를 중심으로 15명을 새롭게 팀으로 꾸렸다. 이승주 전무는 "이 사업은 우리의 신성장 동력이 될 것이다. '한번 해볼까'가 아니라 '반드시 성공해야 할' 사업이라는 사실을 명심하자. 혼자 꾸는 꿈은 단지 꿈에 지나지 않지만 우리 모두 함께 꾸면 현실이 된다"고 말하며 성공 의지를 다졌다.

그런데 최고의 전문가로 구성되었음에도 불구하고 처음에는 회의나 토론이 제대로 진행되지 않았다. 즉 각자 자기 분야의 하는 일들을 자기중심으로 말하다 보니 서로 이해도 부족하고 관심을 갖지 못했다. 이때 감사나눔활동이 결정적인 도움을 주었다. 매일 감사나눔을 일상화하고 소통하면서 상대에 대한 관심을 갖다 보니 자기가 하는 일만 주장하기보다 다른 분야의 이슈들에 대해 정보를 공유하고 집단 지성을 통해 창의적으로 업무를 추진하게 되었다. 이러한 변화로 플라즈마 청정 사업 TF팀은 재발족 이후 1년 만에 유해 물질 제거에 놀랄 만한 성과를 거두어 새로운 비즈니스 모델을 구축하게 되었다.

또 다른 예로는 '용산 미군 기지 이전 프로젝트'를 담당하고 있던 팀원들이 감사나눔으로 기업 성과를 일구어낸 경우이다. 이 프로젝트에 참여하고 있던 팀원들은 리더인 박인만 부장을 중심으로 매일 감사를 쓰고 소통하면서 VP라는 일하는 방식을 익혔고, 이를 통해 조직원들의 응집력을 키우면서 국가적인 프로젝트에 참여한다는 자부심까지 갖게 되었다. 기존에는 문화가 다르고 감사를 일상화하고 있는 미국 측 파트너사와 함께 일을 하며 서로를 이해하지 못하여 갈등을 유발하곤 했는데, 감사로 우리가 변하면서 그들에게 자연스럽게 감사를 표현하고 다름을 인정하고 배려함으로써 다른 기업들보다는 믿음을 주고 차별화하여 추가 사업까지 수주하는 성과를 냈다. 감사하면 운도 따르는 것일까?

바닥에서 정상으로 올라선 성과 몰입도

2012년 포스코ICT는 행정안전부의 '지식행정대상'과 매일경제신문사의 '지식혁신대상'을 하나로 통합한 '제1회 대한민국지식대상'에서 최우수상을 수상했다. 통합 회사에서 흔히 발생하는 문제를 단시일 내에 해결하고, 소통을 기반으로 한 지식 경영을 통해 경영 성과가 급속히 올라간 것에 대한 수상이었다.

수상을 가능케 한 혁신들이 VP, CoP, 상시 성과 관리 제도, 스마트 오피스다. 이들의 긴밀한 결합이 경영 성과 상승으로 이어졌다. 그 바탕은 당연히 감사나눔활동이다. 감사나눔과 행복나눔

125가 없었으면 진정한 의미의 일하는 방식의 혁신과 진화는 불가능했다.

감사와 일하는 방식의 시스템적 결합은 놀라운 성과를 보여줬다. 2010년 43퍼센트였던 IT 분야 직원들의 성과 몰입도가 2011년에는 무려 79퍼센트로 뛰었다. 포스코ICT 평균은 58퍼센트에서 84퍼센트로 뛰었다. 포스코 내 성과 몰입도 꼴찌에서 톱 수준으로 올라섰다.

직원들의 의식도 바뀌었다. 2011년 10월 사내 인터넷 게시판에 올라온 글의 성향을 조사해 분석해보니 부정적 의견이 통합 초기에 비해 90퍼센트나 감소했다. 이처럼 놀라운 수치를 본 회사 사람들과 감사나눔 관계자들은 감사쓰기가 긍정 마인드를 가장 빨리 구축한다는 사실이 입증되었다며 역시 놀라움을 금치 못했다.

행복나눔125의 일상화 유도와 VP, CoP, 상시 성과 관리 제도, 스마트 오피스 등의 일하는 방식의 발전이 꾸준히 이루어진 2012년의 행복 지수는 더욱 높이 올라갔다. IT 직원들은 86퍼센트, 전체 직원은 89퍼센트였다. 새로운 기업 문화 만들기에 몰입하고, 새로운 사업에 전념해 성과를 냄으로써 직원들이 하는 일에 자부심을 가지게 된 것이다.

통합 원년에 세웠던 계획을 앞당겨 성공시켰다. 물과 기름 같았던 두 회사의 직원들은 더 이상은 '나는 포스데이타 출신, 너는 포

- **직원 의식의 변화 : 통합 1년 반만에 이룬 쾌거**
  - 일상 언어에서 "D"사, "C"사의 표현이 사라짐
  - SM 인력 의식의 획기적 변화 → Hight Performance 조직으로 성숙

  ※ 외부 기관(갤럽) 진단 결과(2013년 1월)
  　－행복 지수 조사 결과와 유사하게 긍정적인 것으로 나타남

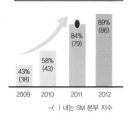

성과 몰입도(행복 지수)

43% (38) 2009 · 58% (43) 2010 · 84% (79) 2011 · 89% (86) 2012

－( ) 내는 SM 본부 지수

- **경영 실적 : 3년간 지속 성장**
  (2012년 매출 1조 클럽 진입)

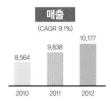

매출 (CAGR 9.1%)

8,564 (2010) · 9,838 (2011) · 10,177 (2012)

영업이익 (단위 : 억원) (CAGR 67.9%)

159 (2010, 영업이익율 1.8%) · 364 (2011, 3.5%) · 448 (2012, 4.4%)

스콘 출신'이라는 표현을 일상에서 쓰지 않았다. 출신은 중요하지 않았다. 모두가 회사의 성장을 위해 합심해 뛰어야 하는 한 회사의 직원일 뿐이었다.

특히 IT 직원들의 의식 변화는 획기적인 것이었다. 개인주의적인 성향에서 벗어나 회사를 우선시했다. 개인의 이해관계에 민감했던 그들은 서로를 위하고 어울릴 줄 알게 되었다. 소통과 신뢰 부족으로 일의 성과가 낮았던 그들의 조직은 이제 높은 성과를 내는 효율적인 조직으로 성숙했다.

경영 실적 또한 급상승했다. 2010년부터 꾸준히 성장을 거듭해온 결과 3년 만에 매출 1조를 넘겨 모든 직원들이 소망하던

1조 클럽에 당당히 진입했다. 영업이익도 통합 원년에 비해 3배로 괄목할 만한 성장을 했는데 이는 구매 전문 조직 통합(EPI, Early Procurement Involvement)이라는 시도가 크게 기여를 했다. 이로써 그동안 IT 계열 직원들의 소망이던 성과금도 그에 상응하게 지급할 수 있었다.

감사나눔운동을 함께하는 사람들은 달라진 눈앞의 수치에 기쁨을 감추지 못했다. 감사나눔활동이 경영 성과 상승으로 이어진다는 것을 여실히 보여줬다. 행복나눔125를 바탕으로 좋은 토양을 만들어 일하는 방식을 혁신시키면 신뢰Trust, 자부심Pride, 재미Fun를 갖춘 한국형 GWP가 구현될 수 있다는 사실에 환호를 보냈다.

3년 만에 포스코ICT가 일군 성공 사례의 시작은 위기의식이었다. 심기일전의 각오 없이는 일을 해나갈 수 없는 심각한 위기의식이 팽배했기에 과감히 새로운 도전을 펼쳐나갔고, 궁즉통의 심정으로 해결책을 만들어내면서 한국형 GWP 구현이라는 포문을 열었다.

사업 고도화로 지속 성장하는 기업으로

그동안 포스코ICT는 철강의 IT와 EIC 사업을 주축으로 대외 성장을 도모하기 위하여 철도, 교통, 건설, 공항, 환경, 스마트 그리드 등 여러 분야에서 사업을 추진하고 있었다. 그러나 이러한 사업들은 30여 년의 기술력을 자랑하는 철강 분야의 핵심 역량과 연계되지 못하고 사업들간의 유기적 연계가 약해 당초 기대했던 통합의 시너지를 기대하기 어려웠다.

나는 발 빠르게 변화하는 시장 상황과 우리의 미래 사업 모델을 생각하며 태스크포스 팀을 꾸렸다. 먼저 달려갈 목표부터 세웠다. 그리고 사업을 어떻게 고도화할 것인가에 대해 끊임없는 질문을 던지며 얻은 키워드는 '고객의 가치를 향한 선택과 집중'이었다.

우리의 핵심 역량 기반으로 우리의 것 즉 제어(Control) 기술과 정보(IT) 기술을 융합해 솔루션을 만들고 이를 특정 사업 영역에 국한시키지 않고 어떤 사업에도 맞춤형으로 응용될 수 있도록 플랫폼 형태를 구축하는 것이었다.

그리고 사업 방식도 기존의 단순 구축 중심에서 C&IT(Control&IT) 솔루션 기반의 컨설팅-설계-구축-운영까지 토털 솔루션을 제공하여 고객의 가치 향상에 중점을 두고 추진했다.

예를 들면 스마트 그리드를 기반으로 하는 에너지 효율화 사업에서 두각을 나타내기 시작했다. 제주 스마트 그리드 실증 사업을 통해 확보한 기술을 기반으로 대용량 에너지 저장 장치(ESS)를 개발했고, 산업용 에너지 관리 시스템(FEMS), 빌딩 에너지 관리 시스

행복한 리더가
행복한 일터를 만든다

템(BEMS)도 출시해 포스코를 비롯해 두산중공업 등에 적용을 확대하고 있다.

또한 해외 사업에서도 속도를 내고 있다. 베트남 정부가 추진 중인 호치민 도시 철도 구축 사업을 수주하는가 하면 인천국제공항공사를 비롯한 관련 기업들과 컨소시엄을 구성해 미얀마 신공항 사업에도 참여 기회를 얻었다. 산업용 전기 집진기인 마이크로 펄스 하전 장치(MPS)와 철강 계측기 등 특화 솔루션을 공급하는 새로운 비즈니스 모델을 발굴하고 있다.

이 시점에서 우리가 가고 있는 길이 바른 방향인지 검증하고 싶었는데, 마침 포스코 그룹 차원에서 BCG(보스턴 컨설팅 그룹)에 포스코ICT의 정체성과 포지셔닝에 대한 진단을 의뢰했다. 그들의 보고서 담긴 내용은 우리가 추진하고 있던 사업 고도화 전략과 거

플랫폼 기반의 Smart 솔루션 사업 추진

– 철강 IT/EIC→ 철강+에너지+건설 분야 Smart 솔루션

의 맞아떨어졌다. 즉 우리가 잘하고 있거나 잘할 수 있는 분야에 선택과 집중을 통해 새로운 솔루션 사업 모델을 구축하는 것이다. 이 또한 치열한 경쟁 속에서 쉽지는 않지만 지난 3년간 구축한 기업 문화의 바탕 위에 반드시 해내겠다는 각오로 전사적인 역량을 결합한다면 ICT의 미래인 새로운 지평이 열릴 것이다.

행복한 리더가
행복한 일터를 만든다

4

감사나눔, 포스코 그룹과
사회를 물들이다

포스코 그룹의
감사경영추진반을
맡으며

감사나눔이란 기업 문화로 3년 만에 기업 통합을 완성한 뒤 포스코ICT의 더 나은 성장을 도모하고 있던 내게 변화가 찾아왔다. 해마다 있는 인사이동에 따라 2013년에 포스코ICT CEO에서 포스코 그룹 전체를 상대로 감사나눔을 추진하는 감사경영추진반 사장으로 보직이 변경되었다.

인사 통보를 받은 나는 포스코ICT에서 마무리하지 못한 일들이 떠올라 아쉬움을 느꼈고 그것은 이유를 알 수 없는 혼란스러움으로 이어졌다. 하룻밤을 지나면서도 머릿속이 정돈되지 않아 새벽 일찍 일어나 감사노트를 펼쳐놓고 머릿속을 맴도는 혼란스러운 생각들을 하나씩 적어보기 시작했다. 노트에 써 내려간 감사가 50개에 이르렀을 때 평온함을 느끼며 혼란의 이유가 가닥이 잡혔다.

먼저 나는 일에 대한 집착을 가지고 있었다. 포스코ICT에서 내가 세운 계획은 반드시 내가 해야 한다는 집착을 버리자 순간 내게 감사경영추진반을 맡긴 이유가 정리가 되었다. 신뢰를 바탕으로 나를 배려하여 포스코 그룹의 새로운 기업 문화를 만드는 데 내가 적임자라고 판단했기에 나에게 감사나눔 임무를 맡긴 것이다.

내가 평소 집중해서 하고 싶었던 감사나눔활동을 더 넓은 공간에서 마음껏 할 수 있도록 환경을 만들어준 것에 대해 진정으로 감사의 마음이 들었다. 50가지 감사를 쓰는 동안 빠르게 달라지고 있던 나를 보면서 빠른 관점의 전환에 놀라워했고, 마지막에는 "새로운 기회를 주신 회장님에게 감사합니다"로 마무리했다. 그러고는 앞으로 감사경영반 활동은 아마추어가 아니고 프로가 되기 위해 오늘 나의 관점의 전환을 유도한 50감사쓰기를 100일 동안 매일 하기로 스스로에게 다짐했다.

감사의 에너지를 새롭게 충전 받은 나는 이임식에 참석하기 위해 판교 사옥으로 갔다. 나를 본 직원들은 내 심정을 궁금해했다. "이제부터 감사나눔활동에만 전념할 새로운 일을 맡은 것에 진심으로 축하해주세요"라고 말하는 밝은 표정과 행동에서 진심을 느꼈는지 직원들이 다가와 스스럼없이 더 함께 일하지 못해 아쉽다는 말을 건네줬다.

이임사를 하는 동안 직원 한 명 한 명의 얼굴을 바라보았다. 서로 함께 감사를 나누면서 좋은 기업을 만든 지난날이 떠오르며 뭉클했다. 그러면서 어느덧 이들 모두가 소중하고 고맙다는 마음이 가슴에 가득 차올랐다.

나는 어떻게 감사의 마음을 표현할까 하다가 이임사를 끝내고 강단 중앙으로 나아가 직원들에게 큰절을 올렸다. 감사와 존경의 진심을 담아 몸으로 표현하고 싶었다. 이런 나의 행동에 깜짝 놀랐는지 직원들도 당황해하다가 자리에서 일어나 맞절을 했다. 이어 나는 직원들이 있는 곳으로 가서 그들 한 명 한 명과 포옹을 하며 다시 감사의 마음을 나누고는 그곳을 떠났다.

며칠 뒤부터 나는 포스코경영연구소에 마련된 감사경영추진반으로 출근하는 생활이 시작되었다. 감사나눔을 바탕으로 하는 경영 방식이라고 해서 감사경영으로 이름을 붙이기는 했지만, 아직 시작 단계인 만큼 감사경영의 체계적 정리는 좀 더 시간이 걸릴 듯했다.

감사경영추진반 신설은 전적으로 정준양 회장의 의지가 반영된 것이었다. 평소 자식들에게 물려주고 싶은 것이 있다면 감사 마인드라고 하실 정도로 감사에 대한 인식이 깊으신 정회장은 2012년부터 그룹 차원에서 감사나눔활동을 솔선수범의 자세로 실천하고 있었다. 특히 하루에 3명의 직원들에게 전화를 걸어 감사와 칭찬과 희망의 이야기로 동심원을 그려나갈 정도로 감사의 일상화에 큰 의미를 부여했다.

감사나눔에 대한 기업 최고 리더의 의지는 사장급을 반 단위(감사경영추진반)의 리더로 임명할 만큼 강력했다. 포스코 계열사별로 진행되고 있던 감사나눔활동이 좀 더 잘 될 수 있도록 컨트롤 타워 같은 역할이 감사경영추진반에 맡겨졌기 때문이었다.

이제 막중한 일을 새로 맡았으니 먼저 톱부터 변화 관리를 위해 계열사 사장 및 포스코 임원들의 감사나눔 워크숍을 진행하고 있었다. 그 시기에 세상을 떠들썩하게 한 사건이 터졌다. 일명 라면 상무 사건이었다.

개인의 인성 문제로 생각하면 그만이지만, 포스코 그룹으로서는 마음의 상처를 입었다. 한 임원의 그릇된 인성이 자칫 전체 임원으로 비화되어 포스코의 기업 문화가 권위적인 것으로 비쳐질까 걱정됐다. 기업 차원에서 사과문을 발표했지만, 시대의 대세인 SNS는 이 사건을 풍자하며 윤리 경영을 중시해온 포스코 그룹의 위상을 추락시켰다.

포스코는 이 사건으로 상처를 입은 직원들의 상실감과 위기감을 사회 변화의 촉발제로 활용하기로 했다. 즉 태생적 국민 기업인 포스코는 국민의 기대를 존중하고 공익에 부합하는 경영 활동을 해나갈 필요가 있는 기업이기 때문에 새롭게 기업 문화를 정비해 모두가 행복해하는 행복경영을 추진해나갈 것을 선언했다.

행복경영의 기본은 관심과 관찰

행복경영의 핵심은 기업 생태계 구성원 모두가 행복한 세상을 만드는 것이다. 즉 공급사/협력사, 고객/경쟁사, 주주/투자자, 국내/글로벌 사회 등의 모든 구성원이 행복을 추구하는 경영을 해나간다는 것이다. 자기만의 행복 추구가 아니라 이해관계자의 입장에서 바라보고 상대방도 나 자신도 모두 행복한 상생의 사회를 만들자는 선언이었다.

이는 그동안 내가 해왔던 감사나눔활동과 같은 맥락에 있는 것이었다. 즉 모두가 행복해지려면 우선 나 자신부터 변화시켜 행복해야 모두가 행복하다는 것 말이다. 나 자신부터 바꾸면 세상은 바뀌게 된다는 성공회 주교의 묘비명이 다시 상기되는 순간이었다.

그래서 나는 행복경영을 이루기 위한 키워드로 '관심'과 '관찰'을 새로운 화두로 잡기로 했다. 나를 변화시키려면 자기 성찰이 있어야 하고, 자기 성찰의 완성은 진정성과 겸손함을 바탕으로 하는 감사이고, 감사의 시작은 관심과 관찰이기 때문이다.

깊은 관심과 세밀한 관찰로 감사를 꾸준히 해서 마음의 근육을 쌓게 되면 하는 일에 대한 의미 부여를 잘할 수 있다. 그렇게 되면 자존감이 높아지면서 삶의 목적이 뚜렷해져 어떤 일이든 잘 해낼 수가 있다. 이는 자기가 하고 싶은 일을 스스로 계획해서 하는 것이기 때문에 삶에 보람을 느끼는 것은 물론 새로운 가치를 만들어 가기도 한다. 이러한 개인의 변화가 있어야 주변이 변화하면서 행복경영의 토대가 마련될 수 있다.

개인을 변화시키는 관심과 관찰은 업무에서도 이슈를 발견하고 지속적으로 개선할 수 있는 시스템 활동의 핵심이다. 따라서 이를 계속 발전시키면 포스코가 그동안 해왔던 혁신적인 일하는 방식이 더 개선될 수 있을 것이다.

관심과 관찰에 초점을 맞춘 감사는 현장에서 가장 중요한 안전관리에 큰 기여를 할 수 있다. 재해의 96퍼센트는 불완전한 행동에서 기인되므로 작업자의 행동을 관심을 가지고 관찰하여 그들의 불완전한 행동을 대화를 통해 스스로 위험을 인지하여 개선하는 SAO(Safety Act Observation) 활동이 일상화되면 전체의 안전 의식이 향상되어 안전한 직장을 만들 수 있다.

설비 관리도 설비에 관심을 가지고 정리 정돈과 청소를 하고 보면 불안전 개소가 관찰되고 이를 개선하는 활동인 포스코형 현장 혁신인 QSS(Quick Six Sigma) 활동으로 설비의 정상화 수준을 넘어 설비의 효율 향상 단계로 진화되어 새로운 기업 문화로 자리 잡아

행복한 리더가
행복한 일터를 만든다

가고 있다.

　노무관리도 행복 지수 진단 항목에 관심을 두고 직원들의 관점에서 관찰하면서 소통하면 직원들의 행복 지수가 올라가고 진정한 노사 화합의 직장을 만들 것이다. 고객 관리도 고객에 대한 관심을 두고 고객의 관점에서 우리의 업무를 관찰하면 사소한 불평도 고객의 소리로 들으며 우리의 변화를 통해 고객 만족 지수를 올릴 수 있을 것이다.

　기타 기업에서 중시하는 윤리나 보안 관리도 회사의 관점에서 우리를 바라보는 것은 물론 지속 성장하는 기업으로 진화하기 위한 기본이 무엇인가라고 관심과 관찰로 보면 윤리나 보안 의식이 향상될 것이다.

　공자의 《논어》에 보면 '일이관지一以貫之'라는 말이 나온다. 하나의 이치로써 모든 것을 꿰뚫는다는 뜻이다. 나는 포스코 그룹의 감사경영추진반을 맡으면서 이 말대로 실천하기로 했다. 내가 그동안 가장 열심히 해온 감사나눔활동을 기본으로 하고, 나보다 고객을 중심으로 그들의 관점에서 보는 것이다.

　이제 감사경영추진반에서 내가 할 일의 그림이 그려졌다. 일이관지의 마음가짐으로 전 포스코 그룹에 감사나눔을 확산하여 포스코의 행복경영 구축을 돕는 것이다.

고지마 섬의
원숭이가
되자

포스코 그룹을 상대로 분주히 감사나눔 코칭을 하던 어느 날 내 눈에 들어오는 것이 있었다. 등장 밑이 어둡다고, 감사경영추진반의 일부 직원들이 감사쓰기를 실천하지 않고 있었다. 그래서 나는 직원들과 간담회를 가졌다. "지난 4월부터 매일 5감사를 쓴다고 약속했는데 번번이 약속을 하고는 6월 말이 다 되었는데도 실행되지 않고 있네요. 의지를 다지기 위해 나와 같이 50감사에 도전해보는 게 어떨까요?"라고 제의했다.

그러자 직원들은 의외로 50감사에 도전해보겠다며 내 말에 동의를 해줬다. "그럼 적지 않았을 때에는 어떻게 하지요?" 그렇게 반문하며 의견을 구하자, 만일 50감사쓰기를 일과 전에 서로 확인

행복한 리더가
행복한 일터를 만든다

하고 적지 못했을 때는 한 건당 200원의 벌금을 걷어 불우이웃돕기에 쓰기로 했다.

하지만 처음의 결의와 달리 직원들은 하루하루가 지나면서 힘들어했다. 5감사도 아니고 매일 50가지의 감사거리를 찾는 게 말처럼 쉬운 것은 아니라는 점은 경험으로 알고 있었다. "사장님, 어제하고 오늘하고 같은 감사를 적어도 됩니까?"라며 어려워하던 오화인 여비서도 막상 적어보겠다고 하고 겸손과 진정성의 눈으로 보니 모든 일과가 감사로 느껴져 7월 달에 30감사, 8월 달에 40감사, 9월 달에 50감사를 매일 작성했다. 중간 중간 고비가 올 때마다 동료와의 약속이며 자존감이 걸린 사안이기 때문에 때로는 밤잠을 설쳐가며 적다 보니 남의 이야기를 경청하고 칭찬하는 좋은 습관으로 이어졌다.

50감사는 비서뿐만이 아니라 감사경영추진반 업무를 총괄하고 있는 손성욱 수석에게도 큰 변화를 가져왔다. 성격이 급해 행동이 제어가 잘 안 되는 편이었는데, 50감사로 감사하는 마음을 갖게 되면서 여유가 생기고 긍정적으로 바뀌었다. 불씨 교육을 담당하고 있는 이명진 부장도 50감사로 부모님과 더 사이가 좋아진 것에 감사하며 자신의 변화에 감사했다.

100일이 지났는데 벌금은 1,000원에 불과했다. 나는 그것을 보고 "이거 너무 심한 거 아니에요. 1,000원을 가지고 무슨 불우이웃

돕기를 해요?"라고 말하자, "사장님도 너무 하시네요. 어떻게 인간미 없이 50감사를 한 개도 안 빠트리고 다 쓰실 수 있어요. 돈이 아까워서 그러신가요?"라고 말해 사무실에 웃음이 가득 찼다. 이처럼 50감사쓰기로 모두 뿌듯해했고, 감사의 힘을 직접 느끼는 시간들이었다.

서로에게 건네준 감사의 에너지가 나를 감사가 더 충만한 사람으로 만들었고, 그 에너지에 힘입어 감사경영추진반으로 부임하면서 딱 100일만 50감사를 쓰려고 했는데, 직원들 덕분에 스스로 100일을 연장시켜 200일 동안 50감사를 썼다.

바로 이것이었다. 감사쓰기는 누군가 조직에 맞게 시스템화시켜야 가능하다는 것이다. 그렇지 않고 자율적으로 맡겨두면 감사쓰기는 실행하기가 쉽지 않다. 먼저 글 쓰는 것에 대해 익숙지 않고 매일 감사쓰기를 하는 것이 업무로 인식되는 부담으로 느껴질 수 있기 때문이다. 하지만 감사쓰기는 감사나눔의 핵심으로 이를 시스템화시켜 함께 즐겁게 감사쓰기에 대해 참여를 유도하는 것이 필요하다.

한 회사에서 감사쓰기 활동을 구축하려면 리더가 먼저 나서야 한다. 즉 최고 경영자가 감사쓰기 문화를 만드는 역할을 해야 한다. 최고 경영자는 임원들을 대상으로, 임원들은 각 팀 리더를 대상으로, 리더는 팀원들을 대상으로 감사쓰기 분위기를 만들어 참

행복한 리더가
행복한 일터를 만든다

여하도록 유도해야 한다. 감사는 이해하고 인식하는 것을 넘어 감사쓰기라는 실행으로 이어져야 한다.

그런데 대부분의 직원들은 리더의 말을 듣고 그 자리에서 공감을 하지만 뒤돌아서면 감사쓰기를 잘 이행하지 않는다. 감사쓰기를 혼자서 하는 것은 실질적으로 쉽지 않다. 그래서 리더는 감사쓰기 분위기를 만들어줘야 하고, 시스템적으로 감사쓰기를 할 수 있는 참여 분위기를 조성해야 한다.

감사는 인식, 실행, 지속의 단계로

고지마 섬의 원숭이 효과, 즉 공명 효과라는 게 있다. 생후 18개월 된 암컷 원숭이가 처음으로 고구마를 강물에 씻어 먹기 시작하자 이런 습관은 다른 어린 원숭이와 암컷 원숭이를 중심으로 퍼져나갔다. 이런 행동을 하는 원숭이의 수가 소위 '100마리'라는 임계점에 도달하자 이를 지켜만 보던 고지마의 모든 원숭이가 고구마를 씻어먹게 된 것이다. 더욱 신기한 일은 고지마와 멀리 떨어져 있는 다카자키야마에 사는 원숭이들까지도 고구마를 씻어 먹었다.

감사나눔활동에서는 포스코ICT가 고지마 섬의 원숭이 역할을 했다. 이미 먼저 도입해 감사나눔을 적극 추진해 좋은 사례를 만들어가고 있었기에 다른 기업들은 자신의 환경에 맞춰 감사를 실천할 수 있게 되면서 감사나눔활동이 더 넓게 퍼져나갈 수 있게 된 것이다. 정상에 오르기 위한 베이스캠프가 더 높은 곳에 구축된 것이다.

감사나눔이 조직에서 자리 잡기 위해서는 세 단계를 거쳐야 한다. 인식하기, 실행하기, 지속하기 순이다.

인식하기의 단계는 '감사해서 행복하다'라는 것을 깨닫는 과정이자 '행복은 강도가 아니라 빈도이다'라는 것을 아는 단계이다. 이를 톱의 리더십으로 물결 효과를 일으켜 모두가 이것을 인식하

각 사별 고유 활동 전개

고지마 섬의 원숭이(공명 효과): 각 사별 Best Practice를 만들자!

인식하기	실행하기	지속하기
감사해서 행복하다!	조직에서 매일, 함께 정해진 시간에 즐겁게!	코칭에 의한 변화 관리 (Energy 충전)
· 행복은 강도가 아니고 빈도이다 · 물결 효과로 확산 (TOP의 리더십)	· 리더들의 참여와 격려(Ownership) · 감사일기 쓰기, 감사편지, 감사방문들	· 가족 및 주위와 소통 & 공유하기 · 도서 선정하여 함께 읽고 토론하며 공감하기
나작지 운동 (나부터, 작은 것부터, 지금부터)	**불씨를 양성하여 참여 유도**	**시스템 감사활동 전개**

행복한 리더가
행복한 일터를 만든다

도록 하고, '나작지', 즉 '나부터, 작은 것부터, 지금부터' 감사나눔을 시작하도록 한다.

실행하기 단계는 '조직에서 매일 함께 정해진 시간에 즐겁게' 실행한다는 마음으로 리더들이 주인의식을 갖고 솔선수범해서 감사나눔을 해야 한다. 3일 동안 감사쓰기를 하면 자신감을 가지게 되고, 3주 지속하면 스스로 긍정적으로 변한다는 것 즉 내부 인식의 변화를 인지하고, 3달 지속하면 주위에서 나를 보는 시선이 변한다는 것, 즉 외부 인식의 변화를 알 수 있다.

이러한 감사쓰기를 리더는 구성원들과 매일 정해진 시간에 참여하고 불씨를 통해 감사나눔이 즐겁게 이루어지도록 하는 것이 효과적이다.

마지막으로 지속하기 단계는 '코칭에 의한 변화 관리나 감사 컨설팅을 통해 지속적으로 감사 에너지를 충전받아야 한다'는 것이자 감사나눔의 정착화를 위해 폭넓은 공유의 시간을 많이 갖도록 하는 것이다. 가족 참여 감사 스토리를 공모전과 감사 페스티벌 등을 개최하고, 독서 토론을 통해 모두의 지식수준과 토론 수준을 올리면서 시너지 효과를 얻어낸다. 그리고 개인별 성격에 맞는 강점을 살려주기 위한 제도를 마련해 힐링을 돕는다. 이렇게 되면 완벽한 시스템 감사활동 전개가 이루어지는 것이다.

포스코
구석구석을
누비며

감사나눔의 지속성을 이끌어내기 위해서는 기업의 최고 경영자가 계속 의지를 표명해야 하고, 조직 외부에서 변화 관리를 꾸준히 해줘야 한다. 포스코 그룹은 이러한 조건을 잘 갖추고 있었다. 포스코의 최고 경영자는 감사나눔이 새로운 기업 문화로 확고히 자리 잡을 수 있도록 이미 큰 방향을 제시했을 뿐만 아니라 주기적으로 불씨들 간담회를 갖는 것은 물론 계열사 방문 시 감사나눔 활동을 독려하고 있었다. 이러한 적극적인 모습에서 동심원처럼 감사나눔 물결이 전 계열사로 확산돼가는 중이었다.

포스코 그룹은 오후 5시 50분부터 6시, 즉 10분 동안 사내 방송을 통해 감사나눔과 성찰의 시간을 가질 정도로 감사나눔을 확산

행복한 리더가
행복한 일터를 만든다

하고 있었다. 따라서 감사경영추진반의 리더인 내 주된 업무는 포스코 회장이 만들고자 하는 기업 문화를 각 계열사 사장과 임원 중심으로 잘 실행되도록 그들에게 감사나눔의 열정과 의지를 심어주고 이끌어내는 것이었다. 이때 또 중요한 것은 각 계열사별 고유의 감사나눔활동이 진화하도록 지속적으로 에너지를 충전시키는 활동이었다.

먼저 28개 계열사의 CEO와 임원들, 그리고 감사나눔 불씨들을 분기별로 직접 만나러 다녔다. 계열사를 방문할 때마다 특히 임원 및 감사리더(불씨) 간담회에 정성을 다했는데, 그들이 진정성을 가지고 움직여야만 그 회사의 감사나눔활동은 장작불에서 화롯불로 이어져 지속적으로 타오를 수 있을 것이다.

간담회는 그들이 알고 싶어 하는 내용을 중심으로 토론의 과정을 반드시 거쳤다. 감사나눔을 하면서 어떤 고충이 있고, 그것을 어떻게 하면 좋을지 해결 방안을 함께 모색했고, 상황에 따라 필요한 코칭을 해줬다.

다음으로 감사나눔 활성화가 필요하다고 생각하는 조직은 임원을 포함한 부장들 5~10여 명으로 그룹을 지어 그룹 코칭을 했다. 그 자리에서 나는 '우리가 감사나눔을 왜 해야 하는지', '감사나눔이 어떤 효과를 가져다주는지', '감사나눔의 과정은 어떻게 되는지', '감사나눔에서 리더들의 역할은 무엇인지'에 대해 집중적으로 공감하는 시간을 마련했다.

또한 직원들까지 감사나눔 분위기 조성이 필요하다고 요청하는 조직에는 감사경영추진반의 감사나눔 전담 강사를 그곳으로 보내 감사나눔에 대해 전반적인 교육을 했다. 대개 첫 자리에 오는 교육생들은 미래의 불씨들, 즉 직원들 가운데 오피니언 리더급이다. 그런데 초기에 참가자들의 반응은 호의적이지 않았다. 누구나 아는 감사를 가지고 이렇게 바쁜 시간에 굳이 교육까지 받아야 하느냐고 말이다. 그렇게 감사나눔에 미온적인 부분이 보이면 내가 추가로 참여하여 낙차 효과로 극복하곤 했다.

하지만 교육이 진행되면서 대부분 이들의 태도는 변화하기 시작한다. 포스코 그룹에서 왜 감사나눔을 해야 하는지 그 이유를 충분히 설명하면 서서히 이해를 하기 시작하고, 평소 자신들이 상식적으로 알던 감사가 의외로 대단히 심오한 경지에 있다는 것을 인식하는 순간 놀라워하고, 집중하여 함께 100감사쓰기 체험을 하면 감사의 마력을 느끼고, 마지막으로 발표를 통해 공유의 시간을 가지면 일부는 눈물을 글썽이곤 한다.

한마디로 난생처음 접해보는 경험을 하고는 "실행으로 옮기는 것이 얼마나 중요한지 알게 되었습니다. 마음만으로 통하는 것이 아닌 이제 표현으로 감사하겠습니다. 교육 자체로 의미가 큰 것 같습니다. 자기 성찰을 할 수 있는 시간을 더 많이 가졌으면 합니

행복한 리더가
행복한 일터를 만든다

다" 등의 말을 남기고 교육장을 떠난다.

여기까지가 포스코 그룹 내부의 노력이고 외부의 노력으로는 감사나눔신문사의 활동이 있었다. 감사나눔신문사에서는 감사나눔 불씨 역할을 할 수 있는 사람들을 찾아내고, 그들을 직접 인터뷰하여 신문에 게재하는 방법으로 더 큰 동기를 부여해준다. 그러고는 불씨간담회 등 지속적인 코칭을 통해 불씨들이 감사나눔활동의 주역이 되도록 에너지를 불어넣어준다.

감사는 말하는 것도 나누는 것도 쓰는 것도 절대 쉽지 않다. 특히 같은 조직 라인의 구성원들끼리 주고받는 감사나눔은 조직의 리더가 주도하기 때문에 업무로 인식되어 지속성을 갖기가 힘들다. 끊임없이 외부의 에너지가 쏟아져 들어가야 하고 내부적으로는 감사불씨를 통해 즐겁게 참여를 유도하여야 한다. 감사나눔활동을 잠시 접고 있는 사람들에게는 다시 감사의 불씨를 지피고, 새롭게 감사나눔활동에 적극적인 사람은 불씨로 성장시켜야 한다. 이러한 역할을 효율적으로 수행할 수 있는 조직이 행복한 기업이 되는 것이고 중심에는 행복한 리더가 있는 것이다.

포스코 그룹 전체를 상대로 감사나눔 코칭을 다니면서 나는 늘 초심의 자세를 유지하려고 노력했다. 감사나눔활동을 내가 먼저 솔선수범을 보이는 자세, 직책 보임자들과의 끝없는 간담회, 누군가 나를 원하면 그 어디에도 달려가 코칭을 해주는 현장 중심의 사고 등 포스코ICT에서 행했던 마음가짐을 한 순간도 흐트러뜨리지 않으려고 애썼다. 그것이 진정 감사나눔을 함께 해나가는 참모습이었기 때문이었다.

특색 있는 감사나눔활동

그럼 감사나눔활동을 여느 곳보다 활발히 하고 있는 몇 기업의 특징적인 사례를 들여다보자.

철강 내화물 및 소재 기업인 포스코켐텍은 포스코ICT 못지않게 감사를 바탕으로 봉사, 독서 활동, 즉 행복나눔125를 일상에서 꾸준히 실천하고 있는데, 여기에는 김진일 전 포스코켐텍 사장의 리더십이 돋보였다. 'Thank(감사) U(Up-Grade, 독서) Love(봉사)'를 기업문화로 정착시키고 있는 포스코켐텍의 특징적인 감사나눔활동 가운데 '20일의 약속'이 있는데, 이는 20일 동안 가족이 함께 매일 감사노트를 쓰면 회사에서 휴가비를 보조하는 제도이다. 감사를 기록하고 나누는 긍정 마인드 습관 만들기 프로젝트의 일환이다. 감사쓰기의 일상화를 항상 추진하고 있는 이 회사는 독서 문화 조성에도 많은 노력을 하고 있는데, 하루 30분 책 읽기 프로그램인 북 모닝과 독서 기록장, 유저 스토리 북 등의 다양한 촉매 제도 개발해 독서 향상에 힘쓰고 있다. 봉사 활동으로는 국내 취약 어린이들의 꿈을 키워주는 사업에서부터 포스코 해외 제철소가 있는 인니에 빈민 학교 어린이 지원 사업까지 다양한 활동을 지속적으로 추진하고 있다.

장애인 고용 우수 기업으로 꼽히고 있는 포스코휴먼스의 장애인 직원들은 장애인으로서 취업 전선에 있기 때문에 감사할 일이 더 많고 주위에 널려 있는 감사거리를 누구보다 더욱 절실히 느끼고 있다. 하지만 직접 글을 쓰기 어려워 감사의 말과 마음을 대신 써주는 '너는 나의 비타민'이라는 감사나눔활동으로 감사를 실천하고 있다. 그곳을 방문해보면 감사가 일상화돼서 그런지 그들의 밝고 순박한 표정에서 진정성을 느낄 수 있고, 비장애인들에게 진한 감동으로 다가온다.

포스코건설의 R&D센터는 젊은 직원 위주로 구성된 영보드 Young Board들이 감사불씨 역할을 맡아 돋보이는 상호 존중과 배려의 모습을 보여주고 있는데, 이들은 각자 5년 뒤의 모습들을 그리며 글로 표현하는 등의 활발한 활동을 하고 있다. 또한 이 회사는 김현배 전무가 전 직원들에게 감사편지를 써주고 이에 직원들이 화답한 사례를 책자로 만들어 공유했고, 연말에는 생활 속에서 감사한 일들을 가족과 함께 자축하는 활동을 하는 등 행복한 기업의 우수 사례가 되고 있다.

니켈광을 제련하는 SNNC는 뉴칼레도니아의 SMSP사와 합작 기업으로 양질의 우수 광석을 안정적으로 확보하는 게 기업의 관건이다. 외국 기업과 합작사이다 보니 처음에 어려움을 겪었지만, 꾸준한 감사나눔활동으로 좋은 결과를 낼 수 있었다. 전 직원이 참여하여 감사편지를 써서 뉴칼레도니아에 전달했고, 이로 인한 감동으로 2기 증설까지 마무리할 수 있었다. 감사하면 감사할 일이 더욱 많아진다는 말을 더욱 실감하게 된 직원들은 주인의식과 긍정 마인드, 감사의 일상화로 회사 성장을 일구어내고 있어 감사나눔의 또 다른 사례가 되고 있다.

포뉴텍은 기존의 원전 계측 제어 전문 기업을 2012년 3월 인수하여 설립한 회사로서 사업장이 10개소에 산재되어 있고, 포스코 패밀리로서의 기업 문화 조성이 절실한 실정이었다. 조직 내 신뢰와 자부심을 조성하기 위해 즉시 행복나눔125를 도입했으나 처음에는 기업에서 일만 잘하면 되지 집에서도 안 하는 봉사 활동을 왜 해야 하는지, 현장 절차서 보기도 바쁜데 책은 왜 읽으라고 하는지, 온갖 불만들이 넘쳐났다.

이 회사는 먼저 감사불씨들을 양성하면서 리더와 함께 '일단 해보자'는 분위기를 조성했다. 직원 참여를 통한 사회봉사 활동은 3개 지역에서 자원봉사단체상을 수상하는 등 지역사회 발전과 함께한다는 의식 변화와 보람을 느끼게 해줬고, 독서 토론은 전사

50개의 독서 클럽이 상하 직원 구분 없이 자율적으로 결성되는 등 책을 읽고 토론함으로써 다양한 생각과 의견이 개진되는 분위기가 차츰 마련되고 있다.

감사는 매일 아침 5감사를 적고 일과를 시작하는 것이 생소했으나 감사할수록 감사할 거리가 많아진다는 것처럼 이제 가족과 함께하는 감사운동으로 확산되어 포스코 패밀리로서 소속감을 키워가고 있다. 이러한 긍정의 마인드가 최근 해외 수주로 연계되며 그들의 꿈에 대한 강한 자신감을 표출하고 있다.

감사경영추진반은 인천 송도에 있는 포스코인재창조원에서 각 계열사들의 불씨 혹은 예비불씨들을 모아 수차례에 걸쳐 불씨 양성 교육을 진행했는데, 불씨 양성에 적극적인 기업일수록 조만간 좋은 성공 사례를 남길 수 있을 것으로 기대하고 있다.

감사경영추진반은 좀 더 많은 성공 사례를 남기기 위해 분주히 움직이는데, 앞에서 변화 관리 활동이 중요하다고 말한 것처럼, 이를 실천하기 위해 코칭과 토론 과정에서 나온 이슈 중심으로 다음 분기 방문 시까지 그들 주도로 무엇을 해보고 싶은지 의논하고 다짐을 받는다. 이는 CEO, 임원, 불씨 모두에게 해당된다. 이러한 활동이 모닥불처럼 꺼지지 않는 불씨로 지속된다면 포스코 그룹에서의 감사나눔활동은 분명 일상화될 것이다.

착한 SNS로
감사를
쉽고 재미있게

서양에 양자물리학이 있다면 동양에는 심기혈정心氣血精이 있다. 심기혈정은 마음心 상태에 따라 그에 상응하게 몸을 유동하는 에너지, 즉 기氣이 일어서고 뒤따라 물질적 에너지원을 공급하는 혈액血 순환이 이뤄져 세포 구성 요소인 정精 또한 영향을 받는다는 것이다.

생각이나 마음이 물질을 변화시킬 수 있다는 과학적 원리는 양자물리학이나 심기혈정이나 엇비슷하다. 다만 차이는 양자물리학은 근대 이후에 등장해 역사가 짧은 반면에 심기혈정은 수천 년의 역사를 가지고 있다. 우리 민족이 감사를 잘 이해하고 잘할 수 있다는 근거가 된다.

감사를 열심히 하다 보면 어느 순간 생각과 감정이 근본적으로 달라진 느낌을 받는다. 사람과 사물을 대하는 마음의 태도가 감사를 하기 전과 뚜렷이 구분되는 것을 알게 된다. 감사로 만들어진 좋은 기가 몸에 돌고 있다는 것을 자각한다.

감사로 자각 능력이 늘어난다는 것은 매 순간을 알아채는 것, 즉 관찰자의 입장에서 깨달음의 수준에 이른 것을 말한다. 깨달은 사람들은 자기 안과 밖에서 일어나는 모든 일을 자각하기 때문에 마음에 여유가 있다. 어떤 일이 어떻게 다가왔다가 어떻게 가는지 알고 있기 때문이다. 일의 순리를 알다 보니 초조해하지 않고 스트레스도 받지 않아 어떤 일이든 잘 해낼 수가 있다.

어린 시절 누구나 한번쯤 생각 없는 말과 행동으로 인해 부모님으로부터 "제발 철 좀 들어라"는 말을 들어봤을 것이다. 본래 '철든다'는 말은 사시사철의 변화를 뚜렷이 알아채며 사는 사람, 즉 정신적으로 성숙한 사람을 일컫는다. 사는 게 바쁘다는 핑계로 봄꽃이 피었는지, 녹음이 우거진 여름이 왔는지, 단풍이 물든 가을이 가는지, 흰 눈이 내리는 겨울이 깊어가는지 제대로 인식하지 못하고 사는 사람들은 의외로 세상에 둔감하다. 자연의 변화를 자각하지 못하니 삶의 깊이가 그만큼 얕다고 할 수 있다.

그래서 자연을 알고 자연에 감사하는 '철든 사람'과 자연을 통해 자연과 삶에 감사하는 '깨달은 사람'은 본래 같은 사람을 말한다. 즉 철든 사람은 감사하는 사람이고, 이는 철이 들면 들수록 감사를 더 잘할 수 있는 사람이 된다. 그래서일까? 포스코는 여느 기업보다 감사를 실천하는 속도도 빨랐고, 감사나눔활동도 활발히 이루어졌다. 사시사철의 '철'도 자연 속의 '철'이고, 포스코의 '철'도 자연 속의 '철'이라 서로 끌어당기는 힘이 작용해서인까? 아니면 '철을 만드는 사람'과 '철든 사람'이 일맥상통해서일까? 철을 잘 만드는 것도, 철이 드는 사람이 되는 것도 모두 일정 수준의 깨달음이 있어야 가능하기 때문에 분명 상호작용의 관계가 있을 것 같다.

감사는 학습과 교육이 필요하지만 중요한 것은 직접 행하는 실천력이 뒤따라야만 한다. 머릿속에 확신을 심어주는 이론 공부에 중점적으로 매달리는 것보다 지금 당장 감사노트에 감사거리를 쓰거나, 감사 실험을 진행하면서 감사에 대한 믿음을 키워야 한다. 감사는 머리로 하는 것이 아니라 몸과 마음으로 하는 것이다. 깨닫는 만큼 감사할 수 있고 감사하는 만큼 행복할 수 있다는 사실은 경험을 통해 확인해야 한다. 그것만이 감사를 받아들이는 최선의 방법이다.

감사나눔을 받아들이고 실천하는 속도가 빨라서 그런지, 감사나눔의 실천력을 높이는 감사나눔 시스템을 포스코ICT에서 개발해냈다. 사실 가치와 취지가 아무리 좋아도 즐겁고 재미가 있어야

행복한 리더가
행복한 일터를 만든다

사람이 모이지, 딱딱하고 지루하면 흥미를 잃기 마련이다. 감사나눔도 이런 분위기를 만들어줘야 하는데, 감사나눔을 편리하고 쉽고 재미있게 실천할 수 있는 'Easy Thanks-Planet(이지 땡스-플래닛)'이 역할을 톡톡히 할 것이다.

'Easy Thanks-Planet' 사용자들은 PC를 비롯해 스마트폰과 태블릿PC 등 다양한 IT 기기를 이용, 시스템에 접속해 동료들과 자유롭게 감사 메시지를 주고받는다. 급할 때는 음성 인식 기능을 통해 손으로 쓰는 수고를 줄일 수 있고, 감사편지 쓰기, 감사한 일 기록하기 등에도 참여할 수 있다. '감사 책꽂이'라는 기능을 통해 동료나 가족, 고객 등 특정 대상에게 쓴 감사 글에 라벨을 붙여 저장해놓고 생일, 결혼기념일 등 의미 있는 날에 출력해 상대에게 선물할 수 있는 기능도 갖추고 있다.

감사나눔 시스템의 가장 큰 특징 중 하나는 감사한 사례를 동료들과 함께 공유할 수 있다는 것이다. 특정 동료에 대한 감사 글을 작성하면 해당 직원에게 편지나 문자 메시지로 바로 전달되어 감사를 매개로 상호 소통하고, 새로운 감사가 만들어지는 선순환 구조가 만들어지도록 했다. 조직 내에 긍정 마인드 확산을 가져오는 효과가 있다. 직원 상호간 칭찬과 격려의 문화 조성에도 큰 몫을 담당한다.

최근에는 이 시스템을 활용해 직원들이 감사하는 만큼 소외 계

Posco 그룹의 활동을 넘어 전 국민 서비스로…

어떻게 많은 사람이 감사나눔을 쉽고 즐겁게 할까?

감사나눔 App을 개발하자

감사의 선순환

감사의 공유, 소통 ↑↓ 감사의 일상화

- Anytime, Anywhere, Anybody
- 감사활동이 한곳에서, '감사 올인원' 시스템
- 감사나눔 추진 방법과 노하우가 한눈에

층 아동을 돕는 프로그램도 시작했다. 프로그램에 참여를 희망하는 직원의 사전 신청을 받아 감사쓰기를 하면 자신과 결연을 맺은 아동에게 후원금이 전달하는 방식이다. 감사도 나누고 어려운 이웃도 돕는 것이다.

'Easy Thanks-Planet'은 포스코ICT를 시작으로 포스코와 전 계열사 직원들이 활용하고 있다. 하루에도 수많은 감사 메시지가 새롭게 등록된다. 이러한 메시지를 포스코 계열사의 모든 직원들이 함께 공유하면서 'Easy Thanks-Planet'이 훈훈한 소통의 툴 역할을 하고 있다. 올해는 일반인들도 사용할 수 있도록 퍼블릭 버전을 개발하여 감사나눔운동의 확산을 돕도록 할 계획이다.

행복한 리더가
행복한 일터를 만든다

이와 함께 감사나눔을 기업 문화로 정착시키기 위해 추진해온 다양한 방법론과 노하우도 시스템을 통해 제공해 감사나눔을 처음 추진하는 개인이나 기업들의 시행착오를 최소화하고 빠른 시간 내에 운동을 정착할 수 있도록 지원할 계획이다.

SNS에서 소통과 교감이 이루어지는 세상, 'Easy Thanks-Planet'은 SNS 기능을 담당하여 감사나눔이 더 빨리 더 진정성 있게 확산되는데 큰 역할을 할 것이다. 언제든지Anytime, 어느 곳에서나 Anywhere, 누구나Anybody 감사나눔을 할 수 있는 주요 공간이 될 것이다.

行복의 쌀을
만드는
포스코

　우리 민족의 한과 고통이 서려 있는 대일 청구권 자금으로 탄생한 포스코는 가히 한국 경제의 살아 있는 역사라고 해도 과언이 아니다. 매서운 바닷바람이 몰아치는 영일만 허허벌판에 들어선 포스코는 조국 근대화를 향한 박정희 전 대통령의 국가 경영에 확고한 신념과 열정, 그리고 이른바 '우향우 정신'으로 대표되는 박태준 명예 회장의 소명의식과 추진력이 있기에 가능했다.

　그분들의 정신에 부응하고자 창업 세대들은 시대적 소명에 따라 무에서 유를 창조한다는 각오로 회사의 기틀을 다지는 데 헌신해 왔다. 그리고 다음 세대들도 '자원은 유한, 창의는 무한'이라는 도전 의식으로 열정적인 기술 개발과 혁신으로 최단기간에 포스코를 세계 최고 경쟁력을 가진 철강 기업으로 성장시키기에 이르렀다.

국가 경제의 근간이 되는 산업의 쌀, 즉 철강재를 생산하는 포스코는 여느 기업과 달리 국민들의 사랑과 성원을 받으며 성장하면서 국민 기업으로 자리 잡았다. 이처럼 제철보국製鐵報國의 정신으로 달려온 포스코이기에 요즘처럼 경제가 어려운 상황에서 더 큰 역할이 요구된다고 하겠다.

하지만 포스코도 작금과 같은 저성장 시대를 맞이해 여러모로 어려움에 봉착해 있다. 동아시아 3국인 한국, 중국, 일본에서 생산되는 철강재의 공급 과잉 심화로 경쟁이 치열해지면서 수익률이 떨어지고 있다. 국내 시장에서는 현대제철의 등장으로 포스코의 입지가 어려워지고 있는 현실이다. 이처럼 위기라면 위기라고 할 수 있는 이 상황을 어떻게 헤쳐 나갈 것인가?

신임 권오준 회장은 네 가지 측면에서 강력한 혁신을 추진하고 있다. 우선 철강 본원 경쟁력을 높이고, 신성장 사업에 대해 선택과 집중의 전략을 펼치고 있다. 재무 구조 또한 획기적인 개선을 이루고, 경영 인프라를 쇄신하는 전략을 발표했다. 이와 같은 네 가지 측면의 중심에는 포스코를 구성하는 직원들이 있다.

물론 수많은 시스템을 통해 조직이 움직이고 있다고는 하지만, 그것을 잘 운영하는 것은 사람이다. 그러한 측면에서 구성원들이 어떠한 가치관과 기업 문화를 가지고 있느냐는 상당히 중요한 대목이다.

앞서 감사를 통해 직원들의 긍정성이 높아지고, 이러한 에너지가 기업의 성과로 연계되는 사례를 살펴봤다. 감사경영을 통해 모든 직원들의 긍정성이 높아지면 업무에 대한 몰입감이 높아지기 마련이고, 사뭇스럽게 포스코가 추진하고 있는 혁신 활동에도 가속도가 붙을 수 있을 것으로 본다. 그리고 이러한 활동들이 선순환이 이루어질 때 포스코가 지난날 이뤄낸 업적과 영광의 역사를 되살리고 또 그것을 넘어서자는 의미인 '포스코 더 그레이트POSCO the Great'도 한 걸음 앞당겨질 것으로 생각한다.

감사나눔의 출발은 나 자신이다. 내가 감사로 주인의식과 긍정 마인드를 가지고 있어야 일상에서 소통과 협업과 봉사의 정신을 나눌 수 있다. 모든 구성원이 이런 마인드를 가지고 회사 업무를 보면 그들의 일터는 행복한 일터, 함께 성장하는 일터가 되고, 이러한 선순환 구조 속에서 나, 조직, 회사는 행복을 얻는다.

기업 최초로 포스코에서 시작된 감사나눔활동은 이미 포스코를 넘어 다른 기업 및 지방자치단체 등으로 확산되고 있다. 감사나눔 활동의 성공 사례가 많은 포스코의 감사나눔 기업 문화를 외부로 알려 국민들도 동참하는 사회운동 역할이 기대된다. 행복나눔125 추진 본부와 감사나눔신문이 든든한 동반자가 되어주면 더욱 좋을 것이다. 이제는 기업이 사회적 가치를 만드는 데 앞장서는 시대가 되었고, 감사나눔은 사회적 공유 가치를 만드는 데 있어서 새롭게 등장한 기업 문화이기 때문이다.

포스코의 감사나눔활동은 포스코의 친환경 제철 기술인 파이넥스FINEX 기술 개발, QSS 혁신 활동과 함께 미국 버니지아대학교 경영대학 사례 연구에 등재되었다. 이 보고서를 만든 연구팀은 오랫동안 '사랑받는 기업' 모델을 제시한 라젠드라 시소디어 Rajendra S. Sisodia, 교수와 이해관계자 경영의 대가인 에드워드 프리먼R. Edward Freeman 교수 등 4명으로 구성되었는데, 대표적인 세 가지 혁신 활동이 포스코를 '규모 및 경쟁력에서 글로벌 최고 수준일 뿐만 아니라 사회적 책임도 다하는 기업'이 되는 데 큰 기여를 했다고 명시했다.

포스코ICT에서 포항제철소로 확산된 감사나눔활동이 포항시로 확산되었고, 감사나눔활동을 하게 된 포항시는 지역의 기업들에 감사하며 협조적인 관계가 되었다.

그리고 2012년 도요타 규슈모노즈쿠리연구소 대표가 포항제철소를 방문해 감사나눔활동 사례를 보고는 깊은 인상을 받았다. 얼마 뒤 조봉래 포항제철소 소장을 도요타로 초대해 감사나눔활동과 혁신 활동에 대한 설명을 들었다. 그 자리에 모인 도요타 사장과 30여 명의 임원들은 "포항제철소의 감사나눔활동이 회사 직원들의 가정뿐만 아니라 지역사회로까지 활발하게 전개되어 행복한 사회를 만들어가는 데 큰 보탬이 되고 있는 것에 감명을 받았고 놀라웠다"고 말했다.

포스코는 기업의 주요 목적이 이익 추구만이 아니라 협력 기업은 물론 지역사회와 공생 관계의 창출에 있다는 것을 늘 염두에 두었다. 파이넥스, QSS, 감사나눔운동이 포스코 특유의 기업 문화로 자리 잡으면서 이러한 기업 가치를 실현하는 데 일조했고, 이제 국내를 넘어 외국 학계에서도 인정받게 되었다. 외국 기업들이 버지니아대학 사례 연구를 보고 포스코의 기업 문화를 벤치마킹하기 위해 방문하게 될 날도 조만간 올 것 같다.

감사나눔을 바탕으로 하는 포스코형 기업 문화가 21세기의 새로운 패러다임이자 대안이 될 것으로 믿는다. 행복한 일터, 동반 성장을 늘 염두에 두며 미래를 향해 달려가는 포스코형 기업 문화가 국민 행복 시대를 선도할 것이다. 산업의 쌀을 만들었던 포스코는 이제 행복의 쌀을 만드는 기업으로 우뚝 서고, 포스코의 위대한 역사 '포스코 더 그레이트POSCO the Great'가 실현되는 날을 기대해본다.

지금
우리에게
절실한 것은?

오늘날 우리 사회의 골격을 이루고 있는 정치구조나 경제구조 그리고 사회구조 등이 마련된 것은 그리 오래된 일이 아니다. 이른바 근대사회의 시작은 1870년대 개항 이후의 일이다. 서구 문물이 쏟아져들어오면서 우리 사회는 근대국가로의 탈바꿈이 시작되었고, 기존의 모든 사회적 토대는 근본적으로 변화를 겪었다.

그 과정에서 참담하게도 일제강점기라는 치욕의 역사, 분단국가의 고착화라는 한국전쟁을 겪기도 했지만, 60년대 이후 대한민국은 절대 빈곤에서 벗어나자는 각오로 눈부신 경제성장을 이룩했다. 이때 더욱 놀라운 점은 대한민국이 경제성장이라는 산업화를 성공적으로 이룬 것은 물론 민주주의의 근간들이 하나둘씩 뿌리 내리는 민주화 또한 함께 이루어냈다는 사실이다.

　빠른 산업화와 민주화 과정 속에서 빠르다는 점이 문제시된 적도 있지만, 경제가 지속되어 소득이 올라가면 그에 상응하는 국민 의식 수준도 올라가 보다 행복해질 수 있다는 믿음이 있었다.

　하지만 이러한 생각들이 일거에 무너졌다. 역시 세월호 참사다. 행복하고 아름다운 삶을 살기 위하여 내가 무엇을 어떻게 해야 하는지, 그것을 진지한 태도로 되묻게 되었기 때문이다. 즉 삶의 가치관에 대한 문제가 급부상했다는 것이다. 내가 세월호 선장이라면 어떻게 행동했을까, 내게 관피아의 유혹이 온다면 어떻게 할 것인가, 내가 기업 CEO라면 기업의 목적과 가치를 어디에 둘 것인가, 나는 어떤 삶을 살아야 할 것인가 등등 근본적인 질문들이 나를 중심으로 제기되었다는 것이다.

　이러한 때 귀담아들을 만한 말이 있다. 《무지개 원리》의 저자인 차동엽 신부는 세월호 참사를 보면서 언급한 "세월호를 점點으로 보면 비극이지만, 선線으로 보면 변곡점이 될 수 있다"고 했다. 즉 지금까지 무엇이 잘못되었는지 깊이 성찰하면서 이를 계기로 우리 사회와 역사의 흐름을 바꿀 수 있으면 좋겠다는 것이다. 그러면 우리는 무엇부터 해야 하는가? 차신부는 "내가 할 수 있는 가장 사소한 일을 시작해야 한다"고 강조했다.

　이는 감사나눔활동을 하면서 나도 절감한 사안이다. 잘못된 세

행복한 리더가
행복한 일터를 만든다

상을 바꾸려면 무엇보다 자신부터 바꾸어야 한다는 것을 말이다. 변화를 원한다면 내 생각을 바꾸고, 내 말을 바꾸고, 내 행동을 바꾸어야 한다.

나를 바꾸는 툴은 감사

우리나라는 OECD 국가 중 자살률 1위(2012년 기준 10만 명당 32.5명)는 물론 우울증 환자 수도 1위를 기록하고 있다. 게다가 국내총생산(GDP) 세계 15위라는 경제 규모에 비해 OECD 32개국 중 행복지수 27위라는 불명예도 아울러 가지고 있다. 이러한 사회현상을 어떤 관점에서 바라보고 어떻게 해결해나갈 것인가는 대단히 중요한 문제다.

최근 한 민간 경제 연구소 추산에 따르면 사회적 갈등으로 인한 손실 액수가 최대 300조 원이라고 한다. 이는 2012년 기준 정부 1년 예산의 72퍼센트에 달하고, 우리나라 GDP의 27퍼센트에 해당된다. 나와 상대의 이해관계가 다를 때 발생하는 갈등을 해소하는 비용치고는 과다하다. 그래서 이것 때문에 국민소득 2만 달러를 넘고도 3만 달러로 가지 못한다는 말이 나오기도 한다.

우리의 이웃 나라인 일본은 좀처럼 소송을 하지 않는다고 한다.

여러 이유가 있겠지만 소송이 적은 만큼 갈등 비용도 적을 것이다. 하지만 우리나라는 일본에 비해 갈등 해결을 위한 소송 건수가 50배나 많다. 경남 밀양의 송전선로 건설, 강정마을 해군기지 건설 등등 공공 갈등을 비롯한 크고 작은 갈등들이 상당하다. 이러한 갈등 상황을 나만의 관점에서 보는 것이 아니라 상대방의 관점에서 보는 감사나눔이야말로 불필요한 대결을 줄이고 갈등 비용을 최소화할 수 있다. 감사하기로 다져진 너그러움과 관용이 이때 큰 역할을 할 수 있다.

변화를 바란다면 나를 먼저 바꾸어야 한다. 나를 바꾸지 않고 상대방만 바꾸겠다고 하면 갈등 상황은 나아질 수 없다. 영국 웨스트민스터대성당 지하에는 묘지가 있다. 그곳에는 세상 사람들에게 감동을 주는 어느 성공회 주교의 묘비명이 있다.

내가 젊고 자유로워서 상상력의 한계가 없을 때 나는 세상을 변화시키겠다는 꿈을 가졌다. 그러나 좀 더 나이가 들고 지혜를 얻었을 때 나는 세상이 변하지 않으리라는 것을 알았다. 그래서 내 시야를 약간 좁혀 내가 살고 있는 나라를 변화시키겠다고 결심했다. 그러나 그것 역시 불가능한 일이라는 것을 알았다. 나는 마지막 시도로 나와 가장 가까운 내 가족을 변화시키겠다고 마음먹었다. 그러나 아무도 달라지지 않았다. 이제 죽음을 맞기 위해 자리에 누워 나는 문득

행복한 리더가
행복한 일터를 만든다

깨닫는다. 만약 내가 내 자신을 먼저 변화시켰더라면, 그것을 보고 가족이 변화되었을 것을. 또한 그것에 용기를 내어 내 나라를 더 좋은 곳으로 바꿀 수도 있었을 것을. 그리고 누가 아는가? 세상까지도 변화되었을지.

성공회 주교의 유언처럼 우리는 나 자신을 먼저 변화시키기 위해 노력해야 한다. 감사하기의 실천은 '나작지', 즉 '나부터, 아주 작은 것부터, 바로 지금부터' 시작해야 한다. 행복은 강도가 아니라 빈도라는 말이 있듯이 세상을 변화시켜서 행복을 얻겠다는 것보다 감사를 통해서 '나작지'처럼 소소한 것에서 자주 혹은 더 짧은 시간마다 행복을 느끼면 그것이 진짜 행복한 삶이 된다.

요란한 정책적 변화보다 우리의 일상 습관을 바꿈으로써 사회를 바꿀 수 있다. 20세기 최고 지도자 중 한 명으로 뽑히는 인도의 마하트마 간디는 "세상의 변화를 원한다면 자기 습관부터 바꾸어야 한다"고 했는데, 변화가 절실한 요즘 우리 모두 깊이 새겨야 할 것이다. 세상을 바꾸고 문화를 바꾸려면 하루하루 우리 습관부터 '작은 혁신'을 이어가야 성공할 수 있다.

감사나눔활동을
전 국민운동으로

지금까지 감사가 우리에게 어떤 변화를 가져다줄 수 있는지 말했다. 또한 관점의 전환을 통해 우리는 어떤 어려움이 있더라도 행복한 삶을 살아갈 수 있다고 했다. 그리고 무엇보다 나부터 변화해야만 세상이 변화한다는 것을 깨달았다.

현재 우리 국민은 깊은 슬픔 속에 살아가고 있다. 커다란 산 같은 아픔이 마음에 응어리가 되어 좀처럼 풀릴 줄 모른다. 그 누구도 우리 사회에서 이런 일이 벌어질지 몰랐다. 어떻게 빠른 시일 내에 놀랍도록 경제성장을 이룩한 나라에서 그처럼 허망하게 아이들을 보낼 수 있다는 말인가? 컴컴한 바다 속에서 고통스레 신음하는 그 사이 무력하게 시간만 보낸 우리 사회의 구성원들은 입

행복한 리더가
행복한 일터를 만든다

이 열 개라도 할 말이 없다. 누군가의 탐욕을 탓하며 누군가의 무능을 탓한다고 해서 해결될 것도 아니다. 우리 모두의 책임이다.

그 가운데 가장 큰 책임은 내가 짊어져야 한다. 나부터 어떻게 변화시켜 갈 것인지, 그래서 어떻게 안전하고 행복한 사회를 만들지, 나부터 점검하고 바꾸어내야 한다.

감사는 세상을 바꾸는 데 있어서 좋은 방법으로 자리 잡을 수 있다. 포스코ICT에서 포스코에서 기타 강연을 다니면서 나는 그 모습을 지켜보았다. 감사만큼 사람의 변화를 빠르게 가져오는 것은 보지 못했다. 따라서 감사나눔은 현재의 아픔을 딛고 미래로 나아갈 수 있는 디딤돌이 될 것이라고 생각한다.

다양한 영역에서 펼쳐진 감사나눔활동

사실 초기에는 기업 중심으로 감사나눔활동이 전개되었지만, 행복나눔125운동의 활발한 활동에 힘입어 군대, 학교, 지방자치단체 등 그 영역이 넓어지고 있고, 현재도 아주 빠른 속도로 곳곳에 감사나눔운동이 뿌리 내리고 있다.

포스코ICT에 이어 두 번째로 감사나눔운동을 도입한 기업은 포항제철소였다. 2011년 8월, 30년 지기인 조봉래 포항제철소 소장과 이야기를 나누던 중 감사나눔활동을 권유했더니, 그는 3달간의 준비를 거쳐 포항제철소에서 감사나눔을 시작했다

감사나눔활동을 시작한 포항제철소는 그 뒤 긍정적인 변화가 나타나기 시작했다. 감사나눔활동으로 행복 지수가 올라가기 시작했고, 기계와 설비의 고장이 줄고 품질이 획기적으로 향상되었다. 가족이 변했고 외주 파트너사가 변했다. 내가 변해야 모든 것이 변한다는 감사나눔활동의 핵심을 이들은 빠른 시간 안에 깨쳤다. 벤치마킹 대상이 있었고, 감사나눔신문을 비롯한 행복나눔125 활동가들의 체계적인 협업이 큰 역할을 했다.

포스코의 변화를 가장 먼저 감지한 곳은 포스코와 신뢰 관계가 두터운 포항시였다. 포항 시장은 포항제철소장을 만나 행복나눔125에 대해 물었고, 그 시작이 나임을 알고 나를 불렀다.

2012년 3월 나는 기꺼이 포항시를 방문해 1,000여 명의 공무원이 모인 강당에서 행복나눔125에 대한 강연을 했다. 강연을 들은 박승호 포항시장은 행복나눔125에 이끌렸는지 저녁 시간 내내 나를 붙잡고 놓아주지 않았다. 그렇게 포항시장과 나는 장장 3시간에 걸쳐 토론을 했고, 행복나눔125에 깊은 관심을 보인 포항시장은 다음 날 내게 전화를 걸어 당장 감사나눔 교육이 진행되었던 가나안농군학교에 가보자고 했다.

가나안농군학교는 물리적으로 포항시에서 너무 멀어 포항시장

에게 감사나눔신문에 의뢰하여 교육을 받을 것을 권유했고, 그는 곧바로 감사나눔신문에 협조를 구해 전 공무원을 상대로 포항시 연수원에서 감사나눔 교육을 시작했다. 그 가운데 감사에 적극적인 사람들을 뽑아 감사불씨를 선정했고, 그들은 따로 1박 2일의 워크숍에 참가했다. 그곳에서 집중적으로 감사교육을 받았고, 핵심은 100감사쓰기에 도전하는 것이었다. 이들 역시 100감사쓰기를 힘들어했지만, 많은 직원들이 도전에 성공했다. 1박 2일 워크숍은 지속적으로 열렸고, 여기서 배출한 이들을 중심으로 포항시의 감사나눔활동은 불붙기 시작했다.

감사나눔활동이 본격화되면서 전 직원은 매일 일과 시작 전후로 5감사를 썼고, 이를 부분적으로 청내 감사 방송을 통해 감사쓰기를 공유했다. 포스코ICT와 마찬가지로 각종 회의를 하기 전에 5감사를 썼고, 공무원 감사 퍼포먼스 경연대회를 열기도 했다.

포항제철소와 마찬가지로 포항시의 감사나눔활동 확산 속도도 상당히 빨랐다. 벤치마킹할 대상이 분명했기 때문이었다. 전 직원에서 시작한 포항시의 감사나눔활동은 계속 진화해 전 포항 시민들을 대상으로 했다. 2012년 5월 23일 5,000여 명의 포항 시민들이 포항실내체육관에 모인 가운데 포항제철소장, 포항시장, 포항상공회의소 회장, 포항교육청장이 공동대표로 참여하는 감사나눔 범시민운동추진본부가 발족했다. 이처럼 포항시에서는 포항제철소를 베이스캠프로 해서 두 달 만에 감사나눔활동의 날갯짓이 시작되었다.

포항시의 감사나눔운동은 일사천리로 진행되었다. 감사둘레길과 감사공원을 만들었고, 감사시범마을을 조성했다. 포항시의 전 기관 단체 및 전 학교로 감사나눔운동이 확산되었고, 포항시의 또 다른 상징인 해병대도 감사나눔운동을 도입했다.

포항지청은 폭력 학생 선도 수단으로 반성문 대신 50감사쓰기를 쓰게 했고, 이를 부모님 앞에서 발표하도록 했다. 50감사를 읽으면서 눈물을 흘리지 않는 학생은 없었다. 그 모습을 보고 있는 부모님의 눈물은 더욱 굵었다.

포항시의 감사나눔운동은 결혼식 스타일도 바꾸었다. 주례 없이 신랑 신부가 마이크를 잡고 양가 부모님께 감사의 글을 읽었다. 하객들에게는 신랑 신부의 사진과 5감사가 적힌 감사노트가 선물로 전달됐다. 신선한 결혼식에 하객들의 반응은 뜨거웠다.

포스코ICT에서 조직적으로 시작된 감사나눔활동은 포항제철소와 포항시는 물론 광양제철소와 광양시도 감사의 현장으로 바꾸어놓았다. 광양제철소는 독특하게 부서별 특성에 맞춘 감사나눔 브랜드, 즉 감사미인(제강부), 행복공유1365(생기부), 공감(화성부), 사미인곡(열연부), 다정다감(냉연부) 등을 정하고 자기의 옷에 맞게 감사나눔활동을 활발히 하고 있다. 광양시 또한 특색 있게 1천 감사

행복한 리더가
행복한 일터를 만든다

(광양시청), 119감사(광양소방서), Thank you 30(상공회의소), Healthy 감사(광양보건소) 등의 별칭을 붙이며 전 도시에서 감사나눔활동을 하고 있다.

사회운동을 넘어 전 국민운동으로

이처럼 감사나눔을 바탕으로 하는 행복나눔125는 짧은 기간에 놀라운 속도로 성장하여 이제 그 틀이 잡혔다. 그 여세를 몰아 2013년 1월 28일에는 국회 헌정기념관에서 포항시, 포항제철소, 포스코ICT, 포스코켐텍, 포스코엠텍, 국방대학교, 삼성중공업, 삼성생명, 대림대학교, 교보생명, 동덕여자대학교, 동신대학교, 인성교육범국민실천연합, 위즈덤교육포럼, 천지세무법인, 재능교육 등 23개 기관단체들이 모여 '제1회 감사나눔 페스티벌'을 성황리에 열었다.

이날 나는 "포스코ICT가 감사의 오리진origin이 되었습니다. 누구도 '이렇게 하라'고 방법을 말해주지 않았습니다. 그래서 우리는 가치의 벽, 인식의 벽, 관념의 벽을 넘어서야 했습니다. 남들보다 먼저 감사의 가치를 발견하고 경험하며 행복한 일터를 만들겠다는 강한 신념과 철학으로 오리진이 되었습니다"라고 서두를 열고는 포스코ICT의 감사나눔 성공 사례를 발표했다.

참석자들은 뜨거운 박수를 보냈다. 하지만 박수는 포항제철소, 국방대학교, 포항시의 사례가 발표되는 내내 이어졌다. 뒤이어 감사로 변화된 개인의 체험 사례가 발표될 때에도 박수는 멈추지 않았다. 장장 4시간에 걸쳐 열린 감사나눔 페스티벌은 단 한 순간도 열기가 식지 않았다.

그 뒤로 행복나눔125는 각 분야로 계속 확산되면서 사회운동으로 발전하고 있다. 이에 행복나눔125를 처음 접하는 사람들에게 도움을 주고자 행복나눔125에 대해 전반적으로 이해하고 실행할 수 있는 매뉴얼 성격의 책인 《나는 당신을 만나 감사합니다》(손욱 지음)도 출간했다.

이를 계기로 행복나눔125가 전 국민의 운동이 될 수 있도록 프레스센터에서 대대적으로 출판기념회를 열었다. 손욱 회장의 행복나눔125 특강이 있었고, 삼성중공업, 삼성테크윈, 제3포병여단, 포항시의 감사나눔 사례 발표와 포스코ICT 감사나눔 시스템인 'Easy Thanks Planet' 설명회도 있었다.

감사나눔활동인 'Thank You 운동'을 열심히 하고 있는 삼성중공업은 2013년 505명의 감사리더를 육성할 만큼 감사나눔의 또 다른 성공 기업으로 손꼽히고 있다. 삼성중공업은 2013년 전 사원 교육 과정에 감사나눔 프로그램을 도입했는데, 그 이유는 2020년

행복한 리더가
행복한 일터를 만든다

《나는 당신을 만나 감사합니다》의 출간 기념회가 끝난 후의 모습

비전 달성을 위한 사원들의 뜨거운 열정과 도전 정신을 고취하고, 주인의식과 애사심 함양을 통해 노사화합의 초일류 조직 문화를 구축하기 위해서였다.

삼성중공업의 감사나눔 교육은 차수가 진행되면서 그 효과가 빠르게 나타났다. 교육 참가자들의 상호 대화 속에서 "감사합니다"라는 말이 많이 나왔고, 현장에서도 감사나눔이 착실하게 자리 잡아가고 있었다. 삼성중공업에 확산된 감사나눔은 회사는 물론 그들의 가정에도 변화를 가져왔고, 그 어느 곳보다 열정이 뜨거운 불씨들의 활동으로 감사가 뜨겁게 번지고 있다. 여기에는 박대영 삼성중공업 CEO의 간절함이 크게 작용했다.

또한 제3포병여단의 경우 장병들의 부모님을 직접 군부대로 초청해 '감사나눔 페스티벌'을 열 만큼 감사나눔활동에 적극적이다. 이처럼 감사나눔은 더 많은 기업, 더 많은 군부대 등으로 확산되며 새롭게 진화하고 있다.

혁신과 도약은 생각의 변화에서 시작된다. 생각은 운명을 바꾸고 감사는 세상을 바꿀 수 있다. 관점의 전환을 통해 문제의 원인을 나로부터 찾으면 해법을 쉽게 찾을 수 있다. 내가 변화하면 모든 것이 변화한다. '감사나눔으로 만드는 행복한 세상'이란 비전을 가지고 2010년부터 시작된 감사나눔운동이 나를 변화시켰고, 가정과 일터를 변화시켰다. 이제 행복나눔125는 기업, 가정, 학교, 지자체, 군부대 등 전 사회적으로 요원의 불길처럼 확산되고 있다. 감사나눔의 우수 사례가 지속적으로 생겨나기 때문에 공명 효과를 일으켜 그 속도는 더욱 빠를 것이다.

하지만 아직도 가야 할 길이 남았다. 전 사회가 감사나눔활동을 할 때까지 멈추지 않고 뛰어야 한다. 감사나눔이 21세기를 새로 여는 패러다임이라는 것이 입증된 이상 패러다임의 구축을 위해 더 열심히 뛰어야 한다. 그런 일을 할 수 있다는 것에 늘 감사하며 살아야 한다.

행복한 리더가
행복한 일터를 만든다

감사하는 마음이 만드는 새로운 정신문화

세월호 참사는 우리에게 이겨내기 힘든 아픔도 주었지만, 진정 무엇이 필요한가에 대한 답도 주었다. 행복나눔125운동을 주창한 나의 멘토 손욱 회장은 "세월호 참사는 우리들의 정신문화의 실태를 보여주는 자화상입니다. 사고의 원인과 처리 과정에서 드러난 것은 겉보기에는 부정과 부패, 무능한 관료들과 제도와 시스템의 문제로 보입니다. 그러나 그 문제를 '왜why'를 자문하며 근원을 파내려 가보면 정신문화의 뿌리가 썩었음을 깨닫게 됩니다. 하늘을 경외하는 마음과 인간을 사랑하는 마음이 없어졌고, 이웃을 사랑하고 배려하는 마음이 없어졌고, 정직하지 못하고, 준법정신이 없고, 가진 것에 감사하고 만족할 줄 모르기 때문입니다"라고 했다.

이러한 진단 속에 손욱 회장은 "세월호 참사를 보며 슬픔과 분노로 참을 수 없었습니다. 그러나 생각이 흐르며 이 또한 나의 탓이고 나의 잘못된 의식구조가 이 땅의 정신문화를 썩게 만들어왔다고 깨닫게 되었습니다. 어느 순간 '내가 변하면 다 바꿀 수 있다'는 말씀이 떠오르고, 세월호 참사로 깨달음을 얻은 사람들을 만나며 세월호를 계기로 '새 얼' 즉 새로운 정신문화를 이룰 수 있을 것이라는 희망이 돋아나기 시작했습니다"라며 새로운 희망으로 다시 일어설 것을 바라고 있다.

국부에서 신뢰·제도가 차지하는 비중		국민 1인당 국부		
(단위:%)				(단위 : 달러)
미국	29.8	생산 자본	58,638	
이탈리아	27.4	자연 자본	2,487	
영국	26.4	인적	288,887	
이스라엘	25.0	해외 자산	−3,252	
프랑스	24.4	보이는 자본	346,758	
스페인	10.1	보이지 않는 자본	−98,678	→ 20% 69,352
−39.7 한국		국민 1인당 국부 248,180		416,110달러

※ 자료=경제협력개발기구(OECD)

그러면서 위기에 빠진 정신문화와 리더십의 회복을 위해 근간 OECD에서 조사하여 발표한 '보이지 않는 자본'에 대해 올바로 인식하자고 강조한다. 이는 사회의 신뢰를 반영하는 사회적 자본과 사회제도의 질 등을 포괄하는 무형의 자산으로 조사 대상 13개국 중 유일하게 마이너스 40퍼센트라는 심각성을 한국이 보여주고 있는데, 한국의 전체 국부 가운데 40퍼센트를 보이지 않는 자본이 깎아먹고 있다는 현실이다.

만일 우리가 신뢰와 정직, 준법과 질서, 배려와 나눔의 정신문화 운동이 일어나 다른 조사 대상국과 같이 플러스 20퍼센트만 된다면 개인소득(GWP)은 4만 달러가 되고 우리 삶은 달라질 것이다.

행복한 리더가
행복한 일터를 만든다

따라서 우리를 새롭게 바꾸어낼 정신문화 운동이 절실한 지금 행복한 나를 바탕으로 한 행복나눔125운동이 우리 모두가 리더가 되어 기업, 학교, 지방자치단체, 군대로 더 확산된다면 우리가 꿈꾸는 신바람 나는 행복한 세상은 이루어질 것이며, 나는 이를 간절히 기대해본다.

탈무드를 보면 "세상에서 가장 강한 사람은 자기를 이기는 사람이고, 가장 부유한 사람은 만족할 줄 아는 사람이고, 가장 지혜로운 사람은 배우는 사람이고, 가장 행복한 사람은 감사하며 사는 사람이다"라는 구절이 있다. 이제 행복의 핵심은 분명해졌고, 우리는 그 핵심인 감사에 무한한 신뢰를 보낼 수 있다. 우리는 그 행복을 얻기 위해 미래를 내다보지 말고 바로 지금 당장 감사를 실천해야 한다. 행복의 현주소는 '어디에도 없다'는 'no where'가 아니라 '바로 여기'인 'now here'임을 이야기하자.

마지막으로 감사나눔을 이야기할 때마다 소개하는 조동화의 시가 있어 여기에 옮겨본다. 감사로 인한 나의 변화가 얼마나 큰 의미를 가지고 있는지, 나는 이 시를 통해 본다. 새로운 행복으로 가는 감사의 길, 늘 초심을 갖기를 원하며 조용히 이 시를 다시 읊어본다.

나 하나 꽃 피어

나 하나 꽃 피어
풀밭이 달라지겠냐고
말하지 말아라

네가 꽃 피고 나도 꽃 피면
결국 풀밭이 온통
꽃밭이 되는 것 아니겠느냐

나 하나 물들어
산이 달라지겠냐고도
말하지 말아라

내가 물들고 너도 물들면
결국 온 산이 활활
타오르는 것 아니겠느냐

감사나눔활동으로
활로를 모색하자

저성장·고실업이 일상화돼가고 있는 뉴노멀 시대에 모든 직장인들이 불안해하고 있다. 불안감은 자신감 결여를 불러일으키면서 자신이 하는 일에 대한 몰입도를 저하시키고 있다.

심리적 불안감을 이겨내고 몰입도를 높여 성과를 내려면 직원들의 주인의식이 필요하다. 직원들의 주인의식 재고를 위해서는 직원을 주인답게 대접해줘야 한다. 그러기 위해서는 회사의 오너와 전문 경영인이 먼저 변해야 한다. 이러한 변화를 가장 빠르게 이끌어낼 수 있는 툴tool이 감사나눔활동이다.

감사로 행복한 리더가 행복한 기업을 만들 수 있다. 즉 리더가 꾸준히 감사하는 마음의 훈련을 통해 마음의 근육을 쌓게 되면 심성이 부드러워지고 너그러워지는데 이런 상태에서 직원의 이야기를 경청하고 칭찬하면 직원들은 일상에 활력을 얻는다. 이를 바탕으로 직원들은 스스로 하는 일에 의미를 부여하고 몰입함으로써 행복한 삶을 추구하고 이는 기업 성과로 연결된다. 이러한 마음의 훈련 가운데 기본이 감시거리를 찾아 표현하고 나누는 감사나눔 활동이다.

대부분 초기의 감사나눔활동은 주위의 권유나 책자를 통해 일단 한번 해보자는 생각을 가지고 시작한다. 하지만 막상 하다 보면 실행이 쉽지 않고, 지속적인 실행은 더더욱 어렵다는 것을 깨닫게 된다. 2,000년 동안 예수가 "범사에 감사하라"고 이야기하고 있는 것은 감사의 실천이 그만큼 어렵다는 반증이 아닐까?

감사를 지속적으로 실천하는 방안이 있다. 조직의 리더가 간절함으로 감사나눔을 먼저 실천하고는 "내가 해보니까 정말 좋더라"라는 변화를 느끼고 난 뒤 조직에서 같이 해보자고 공감대를 형성한다. 그러고는 조직 구성원들과 정해진 시간에 즐겁게 함께해나가는 리더십을 발휘하면 놀라운 변화를 경험하게 될 것이다. 조직에서 소통을 통해 토론하는 분위기, 더 나아가 창의적인 조직의 분위기 조성을 위한 최고의 바탕이 감사나눔이기 때문이다. 또한 기본인 감사거리를 찾기 위해 관심과 관찰을 일이관지의 마음가짐으로 하다 보면 모든 업무에 적용되어 업무 효율을 진작할 것이다.

감사나눔활동을 즐거우면서도 지속적으로 하려면 주기적인 감사 에너지 충전이 필요하다. 그러기 위해서는 현상을 진단하고 방향을 제시하는 외부의 컨설팅과 감독자나 관리자를 비롯한 중간 계층에게 오너십을 심어주기 위한 코칭 등 여러 가지 시스템이 필요하다. 이처럼 멈추지 않고 계속되는 감사나눔활동은 즐거운 삶을 통한 주인의식 재고로 기업에 활력을 불어넣어줄 것이다.

감사한 사람들

많은 기업들이 감사나눔활동을 쉽게 생각하고 쉽게 추진하다가 감사 에너지가 소진되어 중도에 그만두는 경우를 많이 보았다. 하지만 포스코ICT는 외부의 에너지가 지속적으로 충전되어 감사나눔활동이 활성화될 수 있었다. 이러한 에너지를 부여해준 분들에게 감사드리고 싶다.

먼저 포스코ICT에 감사 에너지를 충전시키고 불씨교육간담회, 임원과 리더의 코칭 주도 및 추진 방향에 대해 조언해주신 행복나눔125 추진위원장이자 나의 인생 멘토이신 손욱 회장에게 진심으로 감사드린다. 또한 열정적인 감사나눔활동가인 감사나눔신문사의 김용환 사장, 제갈정웅 이사장에게도 진심으로 감사드린다.

감사나눔활동의 든든한 동반자이자 응원군으로 포항제철에 새로운 감사의 변화를 주도한 조봉래 사장, 포항시를 감사 도시로 바꾸는 데 지대한 역할을 박승호 전 포항시장, 광양시를 행복 도시로 추구해온 이성웅 전 광양시장, 전체 포스코 그룹에 감사나눔 운동을 확산시켜 내게 그룹 차원의 전도사 역할을 부여해주신 정준양 포스코 전 회장에게도 진심으로 감사드린다.

포스코ICT 감사나눔활동의 주인공은 역시 내부 사람들이다. 어쩌면 이들의 뜨거운 감사 에너지가 국내 최초로 감사나눔활동을 기업 경영에 도입해 성공을 거둔 포스코ICT의 이야기인 이 책의 동력인지도 모른다. 이 책은 나와 감사 전도사 이승주 전무, 포스코ICT 구성원들, 그리고 감사나눔활동을 하고 있는 모든 분들의 합작품이다.

내가 먼저 변해야 세상이 변하는 것은 만고의 진리이지만, 그 변화의 과정을 끌어내는 것은 역시 나와 인연이 있는 모든 사람과 사물이라는 점을 나는 늘 기억하고 있다. 그들과 함께했기에 포스코ICT는 성공을 일구었다. 이 자리를 빌려 정말 지난 세월 동고동락했던 모든 분들에게 진심으로 감사드린다.

마지막으로 나의 가족들에게 마음을 다해 감사드리고 싶다. 내가 직위에 맞게 하는 일에 의미를 부여하면서 살아올 수 있도록 내조해준 나의 아내 장영숙에게 감사드린다. 돌이켜보면 제철소

부장 시절 금연 운동으로, 제철소 부소장(상무) 시절 안전으로, 제철소 소장(부사장) 시절 혁신으로, 그리고 포스코ICT 대표이사 시절 감사나눔의 전도사로 바빠 살 때마다 아내는 나와 함께하면서 내게 힘이 되어줬다. 어려운 시기가 닥칠 때마다 용기를 주었고, 나의 행동이 지나칠 때는 야당이 되어 따끔한 충고를 아끼지 않으며 함께해온 소울메이트 아내, 이제는 모든 업보를 마치고 내가 가정으로 돌아왔다고 좋아하는 당신에게 다시 한 번 진심으로 감사드린다.

또한 그러한 아빠를 자랑스럽게 생각하고 잘 성장한 아들 수영, 아빠의 친구가 되어 조언을 아끼지 않던 늦둥이 딸 소영, 우리 가정의 새로운 활력소가 되어 감사 부부로 자리 잡아가고 있는 사랑스러운 며느리 현경이에게도 이 자리를 빌려 진심으로 감사드린다.

'나 하나의 존재'가 있기 위해서는 무수히 많은 것들이 필요하다. 이 책의 탄생 또한 그러할 것이다. 일일이 이름을 직접 말하지는 못했지만, 감사나눔활동을 열정적으로 실천하고 있고, 이 책을 보고 감사나눔활동을 해나갈 모든 사람들에게 진심으로 감사를 드리고 싶다.

2014년 10월

허남석

참고문헌

《0.1그램의 희망》, 이상묵, 강인식 공저, 랜덤하우스코리아, 2008

《100감사로 행복해진 지미 이야기》, 유지미 저, 박민선 그림, 감사나눔신문, 2012

《강한 현장이 강한 기업을 만든다》, 허남석, 포스코 사람들 공저, 김영사, 2009

《꾸뻬 씨의 행복 여행》, 프랑수아 를로르 저, 오유란 역, 오래된미래, 2004

《나 자신과의 대화: 넬슨 만델라 최후의 자서전》, 넬슨 만델라 저, 윤길순 역, 알에이치코리아, 2013

《나는 당신을 만나 감사합니다》, 손욱 저, 김영사, 2013

《마쓰시타 고노스케, 길을 열다》, 마쓰시타 고노스케 저, 남상진 · 김상규 공역, 청림출판, 2009

《마틴 셀리그만의 긍정심리학》, 마틴 셀리그만 저, 물푸레, 2014

《변화의 중심에 서라》, 손욱 저, 크레듀, 2006

《불씨》, 도몬 후유지 저, 김철수 역, 굿인포메이션, 2002

행복한 리더가
행복한 일터를 만든다

《사흘만 볼 수 있다면》, 헬렌 켈러 저, 이창식·박에스더 공역, 산해, 2008

《상황 학습》, J. 레이브·E. 벵거 공저, 손민호 역, 강현출판사, 2010

《생각에 관한 생각》, 대니얼 카너먼 저, 이진원 역, 김영사, 2012

《시크릿》, 론다 번 저, 김우열 역, 살림Biz, 2007

《우리는 천국으로 출근한다》, 김종훈 저, 21세기북스, 2010

《유쾌한 변화경영》, 제럴드 제리슨 저, 포엠아이컨설팅 역, 가산출판사, 2008

《프레임: 나를 바꾸는 심리학의 지혜》, 최인철 저, 21세기북스, 2007

《프로페셔널의 조건》, 피터 드러커 저, 이재규 역, 청림출판, 2012

《행복나눔 125: 위기를 절대 희망으로 바꾼》, 이명진 저, 모아북스, 2013

《행복의 완성》, 조지 베일런트 저, 김한영, 흐름출판, 2011

《회복탄력성》, 김주환 저, 위즈덤하우스, 2011

행복한 **리더가**
행복한 **일터를 만든다**